北京市教育委员会人文社会科学计划重点研究项目（编号:SZ202111232020）
知识管理基地资助

央行数字货币
重塑银行五大体系的
经济效应研究

基于DSGE模型的
模拟分析

刘亚娟 裴亚婕 徐文彬 ◎ 著

中国财经出版传媒集团

经济科学出版社
Economic Science Press

·北 京·

图书在版编目（CIP）数据

央行数字货币重塑银行五大体系的经济效应研究 ：
基于 DSGE 模型的模拟分析／刘亚娟，裴亚婕，徐文彬著.
北京 ： 经济科学出版社，2025.4. -- ISBN 978 - 7 - 5218 -
6763 - 3

Ⅰ. F832.1

中国国家版本馆 CIP 数据核字第 20259YZ181 号

责任编辑：周国强
责任校对：李　建
责任印制：张佳裕

央行数字货币重塑银行五大体系的经济效应研究
——基于 DSGE 模型的模拟分析
YANGHANG SHUZI HUOBI CHONGSU YINHANG WUDA TIXI DE JINGJI XIAOYING YANJIU
——JIYU DSGE MOXING DE MONI FENXI
刘亚娟　裴亚婕　徐文彬　著
经济科学出版社出版、发行　新华书店经销
社址：北京市海淀区阜成路甲 28 号　邮编：100142
总编部电话：010 - 88191217　发行部电话：010 - 88191522
网址：www. esp. com. cn
电子邮箱：esp@ esp. com. cn
天猫网店：经济科学出版社旗舰店
网址：http：//jjkxcbs. tmall. com
北京季蜂印刷有限公司印装
710×1000　16 开　10 印张　150000 字
2025 年 4 月第 1 版　2025 年 4 月第 1 次印刷
ISBN 978 - 7 - 5218 - 6763 - 3　定价：68.00 元
（图书出现印装问题，本社负责调换。电话：010 - 88191545）
（版权所有　侵权必究　打击盗版　举报热线：010 - 88191661
QQ：2242791300　营销中心电话：010 - 88191537
电子邮箱：dbts@ esp. com. cn）

目　录

第 1 章

绪　论

1.1　研究背景与研究意义

1.1.1　研究背景

当今世界，新一轮科技革命和产业革命正在重塑全球经济格局，移动互联网、大数据、区块链和人工智能等现代技术的广泛应用推动了各行各业的数字化转型。金融行业作为数字化进程中的重要领域也在经历深刻的变革，金融科技的发展催生了私人数字货币的出现，然而私人数字货币在获得部分市场认可的同时，也存在着诸多风险。首先，私人数字货币缺乏实物资产的支持，其价值容易波动剧烈，引发投资信心的动摇；其次，中央银行难以对其进行有效监管，因此可能削弱央行对货币供给流通的控制力，增加金融体系的潜在不稳定性；最后，私人数字货币的匿名性极容易被不法分子利用，进行洗钱、偷税漏税等犯罪活动，对中央银行货币政策执行的有效性造成威胁。

在此背景下，各国央行纷纷将重心转到了对法定数字货币的研发和应用上，央行数字货币（central bank digital currencies，CBDC）应运而生。央行数字货币通过中央银行发行，其价值由国家信用支撑，具有较高的稳定性和可控性。这种数字货币的形态不仅能够提升支付效率、降低交易成本，还能通过金融制约性增强普惠金融的发展。同时，央行数字货币的推广有助于强化对金融市场的监管，减少非法金融活动，增强中央银行对货币供给和流通的控制力，确保金融体系的稳定性。随着移动支付的普及和互联网金融的迅速发展，人民币的数字化发行需求愈发迫切。中国作为全球金融创新的重要推动者，自 2014 年起中国人民银行已经开始研究央行数字货币的可行性，并且成立了专门的数字货币研究所，全面推进数字人民币（e-CNY）的研发和技术验证。2020 年，我国启动了央行数字货币的试点工作，首批试点城市包括深圳、苏州、成都和雄安新区等，在北京冬奥会期间还扩大了相应的试点范围。数字人民币在试点城市的使用涵盖了广泛的场景，如日常消费、公共服务、交通出行等。同时，数字人民币实行"多元化运营"体系：中国人民银行负责数字货币的发行与监管，而商业银行等机构负责发行与具体服务。这个体系既保持了央行对货币发行的控制力，又充分利用了市场的效率。而我国在央行数字货币领域的探索不仅立足国内市场，还积极参与国际合作。2021 年，中国与泰国、阿联酋、中国香港等国家和地区的金融管理部门合作，启动了"央行数字货币桥"（m-CBDC Bridge）项目，通过区块链技术降低跨境支付的成本，提高支付的透明度和效率，为全球数字货币的推广提供了重要的经验。

随着技术的不断成熟，数字人民币的使用范围将持续扩大。它不仅被用于电子商务、政府税收、工资支付等多个领域，还计划被进一步纳入更多的应用场景，所以数字人民币的持续推广无疑将进一步推动货币体系的变革和支付方式的转型，它不仅是传统法定货币的补充，也是对现有金融体系的一次深刻的重塑。在提高货币流通效率、增强金融监管能力的同时，央行数字货币还将促进新型支付方式的普及与发展，其推行有望重塑全球金融生态，并对各国的货币政策、银行体系、跨境支付等领域产生广泛而深远的影响。

1.1.2 研究意义

央行数字货币的引入，是对传统银行体系的一次深刻变革，它挑战了现有的货币理论和银行体系运作模式，并为货币政策的有效性提供了新的视角。本研究的理论意义主要体现在以下几个方面：

在理论层面，首先，本书通过构建动态随机一般均衡（DSGE）模型，系统地分析了央行数字货币对银行体系的五大核心体系——资金融通体系、金融服务体系、信用货币创造体系、银行间支付体系和全球跨境支付体系的影响。通过引入包含央行数字货币及其相关设定的模型，本书结合宏观经济理论中的货币政策传导机制、金融中介理论及货币供给理论，为数字货币影响路径提供了新的研究视角。在现有的货币理论中，银行体系是货币供给和信用创造的核心，但随着央行数字货币的发行，这一核心地位将发生重要变化。本研究有助于丰富央行数字货币与银行体系互动影响的相关理论。其次，本书结合了家庭部门和企业部门在资产配置和支付偏好中的异质性，通过模型分析探讨了央行数字货币对经济主体行为的影响。本研究试图弥补传统货币理论没有充分考虑央行数字货币引入会对经济系统造成广泛冲击的不足，不仅扩展了货币需求理论，也为理解金融市场中不同支付工具对银行存款、信用创造和资金流动的影响提供了新的理论视角。

在实践层面，央行数字货币的推出将对银行体系及整个金融行业产生深远影响，对商业银行的存款业务造成挤出效应，从而影响其负债结构和资金融通能力，传统的信用货币创造模式可能被弱化，本书通过模型分析揭示了其量化结果，帮助商业银行评估和应对挑战，及时调整业务模式和战略布局，支付系统的效率会被提高，特别是在跨境支付领域；本书通过分析中国人民银行数字人民币（Digital Currency Electronic Payment，DCEP）在跨境支付中的潜在应用场景，为未来国际支付体系的变革提供理论依据和实践参考，也为中国推动数字货币在全球范围内的使用提供有力支持，增强中国在国际金融市场的竞争力；本书基于数字货币对金融服务体系影响的评估，为商业银行如何在金融科技快速发展的背景下优化资源配置、提升服务质量并推动银行业务的全面数字化转型等提供理论指导；对于在全球范围内央行数字货币试点逐步推进背景下会出现的风险，本书通过定性及定量结合的研究分析，帮助监管机构提前识别和应对可能出现的系统性金融风险，为我国央行和其他金融监管机构在制定宏观审慎监管框架时提供参考，确保央行数字货币的稳健发展和金融体系的稳定性。

综上，本研究不仅能为引入央行数字货币对银行体系的影响效应提供理论支持，也能为商业银行和政策制定提供具有实际意义的参考建议。

1.2　国内外文献综述

目前国内外学者对于央行数字货币的理论研究较为丰富，可大致分为央行数字货币的发行设计、数字货币对经济体系的影响和数字货币发行对银行系统的影响三个方面。

1.2.1　数字货币的发行设计

20世纪80年代数字货币概念出现。乔姆（Chaum，1982）提出构建一种具备匿名性、不可追踪性的电子货币系统，此为最早数字货币论述，其模型仍是传统"银行—个人—商家"三方支付系统，介绍了一种具备匿名性和不可追踪性的名为E-cash的电子货币系统。中本聪（Nakamoto，2008）在《比特币：一种点对点电子现金系统》论文中提出，通过点对点技术实现的电子化支付全新思路，将传统三方支付模式转为去中心化点对点两方支付模式。2009年他为该模式建立开放源代码项目，比特币诞生。瑞德和哈里根（Reid & Harrigan，2011）指出比特币有强匿名性，比特币系统允许用户尽可能多生成公钥（用户标识）防止去匿名化攻击。布赫霍尔茨等（Buchholz et al.，2012）指出比特币是一种在点对点网络上运行的在线数字货币，不具有非货币价值特征。塞尔金（Selgin，2013）把数字加密货币定义为介于商品货币和纸币之间的人工商品货币。毛雷尔等（Maurer et al.，2013）认为比特币等虚拟货币缺乏中央发行商、登记管理机构，因此这种分散支付系统与现行大多数监管制度不相适应。麦克林等（McLeay et al.，2014）研究发现，通过同其他货币互换，使用不同钱包地址进行混淆，或与其他用户交换实体商品，比特币可使洗钱者更快、更隐蔽地进行非法资金转移。国际清算银行下属的支付与市场基础设施委员会（Committee on Payments and Market Infra-structures，CPMI，2015）指出，当前各国央行更关注如何将分布式账本技术应用于资金批发市场的实时全额支付，而对法定数字货币形态，没有清晰蓝图。支付与市场基础设施委员会（CPMI，2015）将数字货币定义为加密货币。布罗德本特（Broadbent，2016）随后提出央行数字货币（CBDC）的概念，担心央行数字货币可能会引发大规模存款从商业银行转移到中央银行，导致"狭义银行"影响。巴尔代尔和库姆霍夫（Barrdear & Kumhof，2022）运用动态随机一般均衡（DSGE）模型，实证模拟法定数字货币对美国经济产生的可能影响。本奇与加勒特（Bech & Garratt，2017）则提出央行加密货币（central bank crypto-currencies，CBCCs）的概念。而科宁（Koning，2017）根据是否基于央行账户，将法定数字货币区分为央行数字账户和央行数字货币。

斯蒂格利茨（Stiglitz，2017）研究电子货币系统的宏观经济管理，认为货币电子化和数字化有助于提高央行监测货币流动和组织市场的能力。波尔多和莱文（Bordo & Levin，2017）研究发现：附息法定数字货币的利率可作为货币政策工具，减少量化货币工具或丰富政府的货币政策选择，在推动经济复苏时可减少对量化货币政策工具或财政干预措施的依赖。世界经济论坛（2017）报告指出，世界各国不同司法管辖区对虚拟货币交易，有不同管辖方法，执法机关难以追查使用加密货币洗钱获得的非法收入。布莱恩（Brian，2017）认为数字货币面临的下一个成长阶段是它将被应用于更多领域，它不仅被用于价值传输，而且其背后的区块链技术可能将在中长期内深刻影响金融、银行、支付、股票交易、物联网和医疗等领域。

国外许多学者研究表明，央行数字货币具有现有法定货币和私人数字货币不可比拟的优势。格里弗利等（Griffoli et al.，2017）认为央行数字货币有助于居民更加平等地使用数字货币支付功能，增强货币支付体系的公平性和普惠性，促进普惠金融发展。安多尔法托（Andolfatto，2018）指出引入计息的央行数字货币能增加金融普惠性，减少人们对实物现金的需求，但不一定导致金融脱媒。德默尔齐斯等（Demertzis et al.，2018）指出，分布式账本技术为金融带来技术创新，能降低跨国支付的成本，扩大跨国金融服务的覆盖面和渗透度。还有一些学者认为发行央行数字货币能降低系统性风险，因为当下支付体系逐渐出现垄断格局，而其又具有显著的外部性，一旦出现风险将迅速传递至整个经济体，央行数字货币的出现将缓解这一问题。

此外，国外诸多学者探讨央行数字货币的宏观经济与金融效应。部分学者认为央行数字货币的引入将对经济产生正面效应。太姆佩里尼等（Temperini et al.，2024）指出，发行央行数字货币能减少交易成本及财政政策的使用，提高货币的使用效率，从而增加货币流通速度，提高存款和贷款数量，产生刺激 GDP 的效果。拉斯金和戴维（Raskin & David，2023）研究认为，区块链技术有可能改善中央银行的支付和结算业务，并可能成为中央银行推出自己数字货币的平台；而且，主权数字货币可能对银行体系产生深远的影响，缩小公众与中央银行之间的距离，减少公众对商业银行存款的需求。关于如何减少法定数字货币带来的金融风险，库姆霍夫和努恩（Kumhof & Noone，2021）认为减少央行数字货币对整个系统造成风险的原则之一是不承诺银行存款能够按需转化为央行数字货币，以此来防止商业银行被挤兑。

2019 年互联网社交巨头脸书（Facebook）主导数字货币 Libra 上线测试，其发展目标是不受央行控制、简单便捷、无国界数字货币、覆盖几十亿人口的全球性货币，因此是私人数字货币。除私人数字货币外，法定数字货币同样受到多国央行重视并陆续加入对其研发与应用的行列。威廉姆森（Williamson，2019）提出引入央行数字货币可以减轻与实物现金有关的犯罪，允许央行对货币账户支付利息，并节省稀缺的安全抵押品。波尔多和莱文（Bordo & Levin，2019）表明通过中央银行和受监管的金融中介之间合作发行央行数字货币，能有效加强金融体系的稳定性。宾德赛尔（Bindseil，2019）

提出央行数字货币的双层计息方案可以解决银行脱媒风险，并表明良好设计的央行数字货币是风险可控的。

伯奇（Birch，2020）曾提到，不久的将来，网络空间将爆发一场货币新冷战，如 Facebook 的私人数字美元 Libra 与中国的公共数字人民币 DCEP、数字欧元之间的对抗。费尔南德斯 – 比利亚韦尔德等（Fernandez-Villaverde et al.，2021）发现在正常时期引入央行数字货币，商业银行仍能正常发挥金融中介功能；但存在恐慌时，央行数字货币会导致央行垄断存款。国际清算银行（Bank for International Settlements，BIS，2020）将央行数字货币定义为不同于现金及传统准备金的中央银行直接负债，是一种新的数字化支付。

罗戈夫（Rogoff，2021）在《美元警戒》一文中详细介绍了中国央行数字货币对美元霸权的潜在威胁，呼吁美国采取相关应对措施。区块链是法定数字货币产生的底层技术，范慧玲（Fan Huiling，2022）从监管的角度出发，提出一种改进区块链技术，能够更加精确地监督数字货币体系，实现公共链、联盟链和数字货币钱包的结合。

早在 2014 年，英格兰银行就开始了对数字货币的相关探讨，随后与伦敦大学共同推出了加密数字货币 RSCoin，相对于 RSCoin 使用的 UTXO 模型，蔡等（Tsai et al.，2018）提出了另一种 Panda 模型，其能够使用高效的共识协议确保相关方交易与账户的一致性。国际清算银行下属的支付与市场基础设施委员会（CPMI，2018）提出了 "货币之花" 的概念模型，对央行数字货币的四大关键属性作出了定义。布罗德本特（Broadbent，2016）讨论了央行数字货币的三大核心设计原则，即全球交易性、计息性和永动性。亚古尔等（Ager et al.，2022）指出，CBDC 的设计选择，如是否计息、限额或匿名性等，将决定其对经济和金融市场的影响。加拿大央行（Bank of Canada，2017）的报告指出，其数字货币体系应具备数字化存储和低交易成本的特点，同时要在跨境支付和结算中具有广泛应用性。拉斯金和耶尔马克（Raskin & Yermack，2018）认为央行数字货币在技术上应结合分布式账本，以提高透明度和安全性。此外，国际清算银行（BIS，2020）提出了 CBDC 发行中的五大核心原则，强调了 CBDC 在设计上需要考虑金融稳定、用户隐私以及合规监管。塞塔普特和因特（Sethaput & Inner，2023）构建了分布式账本技术（distributed ledger technology，DLT）概念并扩展到其他应用案例的相关研究，如交割（delivery-versus-payment，DvP）和跨境支付；而钟等（Jung et al.，2021）则从另一个角度提出了基于 ISO/IEC 的方法解决了异构加密货币和数字货币之间的转移问题。另外，对于法定数字货币设计架构的安全性，施密特（Schmidt，2022）利用 STRIDE 威胁建模法对其潜在安全风险进行了分析。

国内学者的研究中，姚前（2016a，2016b，2017）提出了分层并用架构，使央行数字货币能够有机地融入中央银行－商业银行二元体系，穆长春（2021）提出了 DCEP 双层运营体系的架构设计，即中央银行对商业银行负责发行，商业银行再将数字货币分发给公众，这一双层体系有助于避免金融脱媒风险，同时保留了央行的货币政策调控能力。另外，徐忠等（2016）提出了数字票据交易平台方案，该方案以区块链和智能合约为技术基础，从而进一步完善了我国央行数字货币发行的底层设计，徐忠和姚前（2016）研究基于区块链技术的数字票据交易平台方案，提出一个由智能合约管理的流动性节约机制，结果表明引入 DCEP 大幅简化了票据交易流程。

邹传伟（2018，2019）为了能在数字加密货币泡沫中识别出区块链金融发展机遇与挑战，研究了数字加密货币和区块链金融的九个经济学问题。他分析央行数字货币 DCEP 没有像 Libra 那样，用到真正的区块链技术，而可能使用基于 UTXO 模式的中心化账本。这个中心化账本体现为央行维护的数字货币发行登记系统，不需要跑共识算法，不会受制于区块链的性能瓶颈。区块链可能用于数字货币的确权登记，处于辅助地位。

孙国峰和何晓贝（2017）、张伟等（2019）认为央行数字货币利率可作为利率走廊的下限，发行央行数字货币有助于打破零利率下限，实现负利率政策目标。传统上，现金的利率为零，当零售金融资产利率下降至零时，资金则会向现金转换，从而使负利率失效，名义利率的有效下限为零。若发行央行数字货币，并同时废止大额现金的使用，则可对央行数字货币计负利率，或者可酌情对央行数字货币收取钱包保管费，实质上等同于实施负利率政策，由此打破零利率下限约束，扩大货币政策的操作空间，在面对经济衰退、通货紧缩的情况下增加了量化宽松的货币政策工具。

谢星和封思贤（2019）提出法定数字货币运行体系将蕴含"条件触发机制"等大量的货币政策创新。戚聿东和褚席（2019）研究数字经济视域下央行法定数字货币体系建设应加大数字技术研发力度，构建 DCEP 应用场景，促进普惠共享。穆杰（2020）研究了央行推行法定数字货币 DCEP 的机遇、挑战及展望。李拯和唐剑宇（2021）比较研究了比特币、Libra 和央行数字货币，发现由国家法定的央行数字货币，既具有与比特币、Libra 一样丰富的应用场景，同时在交易成本、匿名成本、违约风险、隐私保护、金融监管等方面具有更大优势。胡坤（2021）结合中国最近进行的数字人民币"红包"实验，深入分析了央行数字货币"落地"面临的三个关键难点。赵忠秀和刘恒（2021）研究了数字货币对贸易结算创新和国际货币体系改善的影响，得出数字货币既能够推进贸易结算创新，为规避美国"长臂管辖"提供一条跨境支付通道，维护中国货币的主权，又能够促进人民币国际化进程。戚聿东等（2021）研究了数字货币与国际货币体系变革及人民币国际化新机遇，数字货币通过技术赋能加速了国际货币体系多元化发展的进程，为国际货币体系竞争增加了数字化新维度。

张静波（2024）将数字货币与区块链技术在金融生态中进行了重塑。张伟（2020）则研究了央行数字货币在跨境支付中的应用，指出数字货币的全球交易性是其设计中不可或缺的元素。侯晓宁和何江涛（2024）探讨了自然语言处理（NLP）技术在数字货币系统中可能的应用场景，表明 NLP 技术能够在服务客户和安全监管两个维度上为金融服务赋予更强大的智能化支持。并且央行数字货币的相关技术如基于大数据的数字货币监管框架将有助于实时监控货币流通，提升货币政策调控的精度（谢星等，2020）。央行数字货币也应具有可控匿名性，以此来应对支付隐私与反洗钱需求之间的矛盾（黄益平，2021）。发行上，金曼（2024）从法律角度阐述了我国数字人民币在法律主体、表现形态及内部法律关系上，与虚拟货币、现金货币和存款货币的不同。

1.2.2　数字货币对经济体系的影响

在探讨 DCEP 对宏观经济的影响时，分析重点集中在其对货币政策、通货膨胀、利率及经济增长的影响。相关研究中，部分学者认为其总体影响是积极的，比如：CBDC 能够通过减少金融摩擦、提高金融包容性（于博和叶子豪，2021），有利于监管效率的提升（张伟等，2019），以及通过改善货币政策的传递效率来提升社会福利（姚前，2018）。恩格特和冯（Engert & Fung，2017）认为 CDBC 有助于提升零售支付系统的稳健性，荷兰中央银行（De Nederlandsche Bank，DNB，2020）认为 CBDC 对于提高支付效率大有裨益，日本银行（Bank of Japan，2020）认为 CBDC 有能力改善支付和结算系统来应对流通中的现金在未来可能出现的大幅减少。姚前（2019）通过构建 DSGE 模型分析了 DCEP 对货币政策传导效率的影响，发现其能够在极低利率环境下增强货币政策的效果，尤其是在帮助突破零利率下限方面具有独特优势；何冬昕（2020）进一步指出，央行数字货币的可追溯性和实时性能够加强货币当局对货币流通的管理，提升货币政策的精准度。于博和叶子豪（2021）通过构建中等规模 DSGE 模型，发现数字货币会增大货币供给的波动性和敏感性，为了维持稳定性，货币当局会增强货币政策的连续性，同时在数字货币发行后，货币政策对利率变化十分敏感，削弱了技术与政府支出的作用，需要货币当局对此强化货币政策工具，提高前瞻性的指引。同时，通过分析主权数字货币发行如何通过影响货币政策连续性来对经济体产生影响，得出发行主权数字货币会通过影响货币乘数及资本市场投机等渠道加剧货币供给波动性及金融机构对货币政策的敏感性，这会导致货币当局出于稳定性考虑而加强货币政策连续性。蓝天等（2021）运用包含法定数字货币特征的 DSGE 模型研究了其对经济增长和货币供给的影响，表明央行数字货币在长期内有利于提升经济产出，但对货币乘数的压缩效应较为明显。并且，央行数字货币可以作为利率走廊的下限，在货币政策传导不畅时发挥调节作用（黄祥钟和陈铭，2021），其也能够在不同经济环境中灵活调整货币政策，增加经济稳健性（刘晓蕾等，2024）。赵恒和周延（2022）基于考虑央行数字货币对家庭、商业银行与中央银行经济行为影响的局部分析与包含五部门的DSGE 模型分析，研究央行数字货币对货币结构与经济增长的影响。

当然也有部分学者认为其存在风险，包括可能导致银行去中介化和银行信贷收缩（王鹏等，2022），以及对金融稳定性的潜在负面影响，此外也对货币政策的实施和中央银行在金融系统中的作用提出了重要质疑（李宝庆等，2023）。而 CBDC 的影响在很大程度上取决于其设计特征，特别是其利息政策（赵恒和周延，2022），库姆霍夫和努恩（Kumhof & Noone，2021）通过分析 CBDC 对货币供给和利率水平的影响，指出 CBDC 的发行可能会加大金融系统的波动性，尤其是在银行存款因数字货币的普及而减少的情况下，商业银行可能需要提高贷款利率以维持其盈利水平。费尔南德斯－比利亚韦尔德（Fernandez-Villaverda，2018）提出数字货币发行会改变家庭部门的储蓄行为，导致消费模式的改变，从而影响宏观经济稳定；此外，波尔多和莱文（Bordo & Levin，2017）探讨了数字货币对通货膨胀和物价稳定的影响，发现如果数字货币不计息，其对市场利率的传导作用将会减弱，可能导致利率调控失效。央行数字货币在宏观经济中的作用不仅体现在货币政策上，还影响了资本市场的流动性和资产定价（吕江林等，2020），其发行可能会引发通胀压力，尤其是在资本市场发达的国家，货币供给量的增加可能导致资产泡沫风险（谢星等，2020）。季伟明（2024）研究了数字货币发展相关法律制度不健全，沙恩等（Shaen et al.，2024）和黎月等（2024）认为数字货币存在难以被有效监管以及投资市场不成熟等问题；并且，数字人民币在技术依赖与市场渗透方面存在较大劣势（吴濮燕等，2024）。

另外，在有关整体跨境支付效率方面，目前跨境支付体系存在着很多问题，如低效、不透明（钟红和于梦扬，2023）、武器化、费用高（朱巧玲和张昆，2024）等。大多数中央银行认为 CBDC 能够缓解当前跨境支付系统的一些基本痛点，阿达玛等（Adama et al.，2021）、王青和钱昕舟（2023）得出了相似的结论，认为 CBDC 不会完全取代传统跨境支付体系，各国跨境支付体系的技术互操作性是可行的，但在标准和接口方面还有大量工作需要完成。泰米斯托克利奥斯等（Themistocleous et al.，2023）认为因此要深化技术创新，加快数字人民币支付报文标准改造（袁本祥，2023），并且积极参与全球数字货币跨境支付清算体系建设（刘东民和宋爽，2020）。塞梅科（Semeko，2022）讨论了 CBDC 在全球化和世界经济数字化背景下对国际现金流动的影响；范晓波（2024）针对央行数字货币跨境支付监管协调的问题，提出了关于加强跨境支付三个优先主题的针对性策略建议。薛新红等（2024）深入探讨了以多边央行数字货币桥（m-CBCD Bridge）为主要代表的国际合作项目，扩展了 DCEP 对于跨境支付的应用场景。

吴婷婷和王俊鹏（2020）指出央行数字货币虽然在前期研发和搭建投放运营平台耗资较大，但后期的管理费用很低，当央行数字货币的运营慢慢步入正轨，央行数字货币的流通成本和交易成本会降至最低。除降低交易成本外，焦瑾璞等（2015）认为央行数字货币能增加金融服务的覆盖面，降低金融服务成本。邱勋（2017）认为央行数字货币交易是在彼此的数字货币钱包中进行，不依赖银行账户，交易和结算同步完成，省去后台清算、结算等环节，降低整个社会的交易成本，大大提升交易效率。同时吴婷婷和王俊鹏（2020）提出使用者只需要拥有央行数字货币钱包的使用权限，不需要人民币存款账户就可以进行跨境交易，从而扩大人民币在境外的使用范围，大大提高了跨境支付效率。此外，央行数字货币摒弃"去中心化"的特征后，安全性大大增强，胡可（2020）指出央行数字货币的权属登记信息在后台是透明的，并且交易路径具有可追踪性，所以央行可以追踪到丢失和非法使用的货币，大大减少违法活动。姚前（2018）的研究表明，货币政策传导不畅、逆周期调控困难、政策预期管理不足等货币政策困境的根源，在于传统央行货币的难以追踪性。而央行数字货币的数字化特性则有助于解决这些问题，央行数字货币可借助大数据系统，实时追踪和监控数字货币投放后的流转信息，获取货币发行、储藏、流通及回收的全生命周期的数据信息，并且可以清晰勾画央行数字货币运行的规模、时间和地点，形成央行数字货币运行的实时云图，有利于实现货币的精准投放、实时传导、前瞻指引以及逆周期调控。运用大数据从宏中观视角分析货币政策实施、金融稳定等问题，将变得更加简便和精准。在数字货币对于经济体系的影响方面，国内学者的研究多采用 DSGE 模型，姚前（2019）构建四部门的 DSGE 模型，不仅将利率传导机制纳入模型之中，还认为数字人民币的发行可以设置前瞻性的机制。姚前（2019）分析了法定数字货币的经济效应，发现发行央行数字货币对我国银行系统和金融结构的冲击可控，长期看有助于提高经济产出。

何冬昕（2020）同样认为相对于传统现金，央行数字货币溯源性更强，可增强货币当局中心化管理能力。向坤和王公博（2021）、陈华和巩孝康（2021）指出，通过大数据系统，货币当局可分析货币流通数据，更易使货币供给速度与货币需求增长相匹配。谢星和封思贤（2019）、郭艳等（2020）也指出，通过调节央行数字货币利率，可以直接影响消费者和投资者的经济活动从而实现货币政策目标。他们通过构建 DSGE 模型进行模拟分析，发现央行数字货币的实施会提升货币政策传导效率，降低货币冲击对宏观经济的不利影响。姚前（2019）将央行数字货币视为计息资产进行实证分析，结果表明，央行数字货币利率可成为银行存款利率的下限，中央银行则可以通过调整央行数字货币利率，来调控银行存款利率，进而传导至银行贷款利率，货币当局能够对金融变量迅速施加影响和控制，从而在宏观经济调控上发挥作用。王博和赵真真（2022）探究法定数字货币对居民消费效用的关系，研究发现发行法定数字货币后会增强居民的消费选择效用，法定数字货币对居民消费具有正向效用属性。谢星等（2020）研究了法定数字货币的宏观经济效应，表明法定数字货币的实施会提升货币政策传导效率，降低货币冲击对宏观经济的不利影响。他们也通过构建 DSGE 模型进行模拟分析，发现央行数字货币的实施会提升货币政策传导效率，降低货币冲击对宏观经济的不利影响。巴曙松和姚舜达（2021）基于货币演化逻辑以及公共选择理论的视角，论证了央行数字货币产生的必要性，从价值维度、技术维度、运营维度、应用维度的视角，论证了央行数字货币体系构建的充分性。齐志远（2021）基于马克思的货币职能理论对央行数字货币（DCEP）的本质进行了分析。郝毅（2019）立足商业银行视角，梳理了法定数字货币发行的国别进展，发现法定数字货币具备的分布式记账法、智能合约等金融科学技术，具有降低银行间支付结算成本、增加交易透明度、降低交易系统运营风险等特点，会对商业银行零售业务、支付体系、跨境结算方式、反洗钱、降低日常运营成本等方面带来积极影响。蓝天等（2021）研究了法定数字货币及其前瞻条件触发机制对货币政策传导的影响，得出结论正向法定数字货币技术冲击有利于长期经济增长，法定数字货币的前瞻条件触发机制能够通过预期渠道和信贷渠道对产出、投资、消费等宏观经济变量产生前瞻性影响，价格黏性、法定数字货币数量对通胀及产出的反应程度等因素会影响前瞻条件触发机制的效果。

1.2.3 数字货币发行对银行系统的影响

学者们从不同的角度分析了数字货币发行对商业银行的影响。首先对商业银行的信用创造功能来说，央行数字货币将通过与银行账户并行运作的方式，对商业银行的资金流动性和信贷业务产生重大影响（姚前，2017），数字货币的广泛使用可能导致银行存款的大幅减少，进而影响银行的信用创造功能。吕江林等（2020）通过 DSGE 模型的模拟分析发现，央行数字货币的使用将对银行的信贷创造能力产生负面影响，商业银行可能面临资金来源枯竭的问题，安多尔法托（Andolfatto，2021）通过银行模型分析，发现央行数字货币不会完全消灭商业银行的信用创造功能，反而可能通过促进银行间存款竞争，提升银行的金融服务效率。在数字货币化推动下，垄断竞争的银行体系会创造流动性充裕的低利息信贷环境（刘震等，2024）。

对商业银行的资金流动性来说，央行数字货币的影响更多从货币转化的角度产生，存款向现金的转化便捷度提升可能导致存款大规模向央行转移，引发金融脱媒（Broadbent，2016）。而基于其逐渐向一元信用机制转变的发行逻辑，也会对商业银行存款产生替代效应（乔海曙等，2018）。科宁（Koning，2017）对于替代效应的看法则是 CBDC 的发行可能迫使银行提高存款利率以维持其资金来源，费尔南德斯 - 比利亚韦尔德等（Fernandez-Villaverde et al.，2018）认为在正常的经济环境下，CBDC 不会对银行的金融中介功能产生显著影响，但在金融危机或恐慌时期，CBDC 可能会加速商业银行存款的流失。

对于商业银行的业务模式来说，谢星等（2020）进一步提出，央行数字货币的推出将加速银行脱媒的进程，银行的传统业务模式面临重塑，尤其是在支付清算和中间业务方面的变革尤为明显。全周勇和杨恩静（Jun Jooyong & Yeo Eunjung，2021）则强调，数字货币将减少家庭和企业对活期存款的需求，这可能导致商业银行需要开发新的金融产品，以应对数字货币的冲击。中本聪（Nakamoto，2018）进一步分析了央行数字货币在分布式账本技术中的应用，认为这种技术能够提高银行体系的支付清算效率，但也可能对现有的清算机制形成冲击，所以对商业银行的经营模式、盈利模式（宾建成等，2017）和市场竞争态势都会产生影响（邹瑜骏，2020），因此也在一定程度上倒逼银行系统的技术变革和重塑（江洁等，2019）。解佳琛（2024）从数字化经营、数字化技术、数字化合作和数字化风控多个维度深入分析国内商业银行如何应对转型困境。石建勋和江鸿（2022）基于 DSGE 模型分析央行数字货币对商业银行利润的影响，指出在数字人民币替代存款阶段，商业银行的利润波动剧烈，短期急速下降，而后迅速回升，中长期反而创造了新的利润空间。

布罗德本特（Broadbent，2016）担心央行数字货币可能会引发大规模存款从商行转移到央行，导致"狭义银行"影响。在央行数字货币对于银行体系影响效应研究方法上，巴尔代尔和库姆霍夫（Barrdear & Kumhof，2022）运用 DSGE 模型，实证模拟法定数字货币对美国经济产生的可能影响。斯蒂格利茨（Stiglitz，2017）研究电子货币系统的宏观经济管理，他认为货币电子化和数字化有助于提高央行监测货币流动和组织市场能力。波尔多和莱文（Bordo & Levin，2017）研究认为附息法定数字货币的利率可作为货币政策工具，以减少量化货币工具或依靠财政干预措施来推动经济复苏的需要。同年他们正反向推演数字货币对货币政策的影响，研究发现数字货币发行可能会使得存款准备金利率与市场利率脱节，减弱市场利率的传导机制作用。

关于央行数字货币的宏观经济与金融效应的分析研究，荷兰中央银行（De Nederlandsche Bank，2020）认为央行数字货币的引入可以提高零售支付系统的稳健性，有效提高零售支付系统的效率；此外，日本银行（Bank of Japan，2020）认为央行数字货币的发行可以应对流通中的现金在未来可能出现的急剧下降，并改善支付和结算系统。费尔南德斯－比利亚韦尔德（Fernandez-Villaverda，2018）发现在正常时期引入央行数字货币，商业银行仍能正常发挥金融中介功能，但存在恐慌时，央行数字货币会导致央行垄断存款。阿古尔和阿里（Ager & AriI，2021）认为法定数字货币设计为现金，计息可能会导致现金的消失，法定数字货币设计为存款会挤兑存款，降低产出和抑制银行信贷的产生。法定数字货币的发行最先受到冲击的是商业银行，巴尔代尔和库姆霍夫（Barrdear & Kumhof，2022）模拟法定数字货币大规模的挤兑金融机构，发现当中央银行发行法定数字货币时需要遵守四个核心规则，才不会导致信贷和流动性收缩，以减小系统性运行风险。全周勇和杨恩静（Jun & Yeo，2021）表明法定数字货币在减少发行和流通成本的同时减少了居民对活期存款的需求。

安多尔法托（Andolfatto，2018）通过政府债务模型和垄断银行模型分析发现央行数字货币不仅不会造成垄断，还可能促进商业银行的存款竞争，不会对金融体系产生威胁。费尔南德斯－比利亚韦尔德（Fernandez-Villaverde，2021）应用典型银行分析模型，研究 CBDC 发行对央行和私人金融机构的影响，实证表明在没有银行恐慌的情况下，通过私人金融中介实现的分配集也将通过 CBDC 实现。基斯特和桑切斯（Keister & Sanches，2021）研究指出，数字货币设计可能会挤压银行存款，提高企业融资成本，降低社会投资水平，但对于社会效率提升和社会福利改善有一定促进作用。吕江林等（2020）研究了央行数字货币的宏观经济与金融效应，得出结论：央行数字货币的利率可作为一种新型货币政策工具，其与常备借贷便利可形成利率走廊机制，更有效地调节经济，在利率走廊机制下，受到负向生产技术冲击后，商业银行存款有持续下降的趋势。同时他们运用 DSGE 模型检验 DCEP 不会导致宏观经济大幅波动，DCEP 会成为新型货币政策工具，但商行存款会持续大幅下降。

总体而言，国内外学者对央行数字货币的研究已经形成了较为系统的框架。在发行设计方面，国内外研究均聚焦于双层运营、隐私保护与计息设计等问题，强调央行数字货币的功能性和安全性；在宏观经济影响方面，学界广泛关注其对货币政策传导、通货膨胀及经济增长的影响，强调了央行数字货币在极端经济环境下的稳定作用；在对银行体系的影响方面，指出了数字货币对商业银行资金流动性、存款结构及信用创造功能的挑战与机遇。理论研究从技术、架构到影响研究都多集中于宏观层面，尤其对于银行体系的影响分析来说多为国内层面的定性分析，相对来说缺乏模型证据作为支撑。因此本书将国外部门纳入模型，并通过效用函数在模型中具象化央行数字货币的优势，构建五部门 DSGE 模型分析我国央行数字货币对银行体系的影响。

1.3　研究内容及方法

1.3.1　研究内容

本书主要围绕央行数字货币对银行五大体系的影响展开研究，重点分析其对资金融通、金融服务、信用货币创造、支付清算和跨境支付等五大体系的重塑效应。本书首先梳理全球央行数字货币的最新发展动态，重点介绍我国央行数字货币的发展历程与试点情况。同时，探讨数字货币在经济体系中的定位及其主要功能，阐述央行数字货币的发行动因及双层运营体系的设计特点。然后通过分析央行数字货币的引入对银行存款的替代效应，探讨其对银行资金融通体系的冲击；通过分析央行数字货币在提升支付便捷性与降低交易成本方面的作用，探讨其对银行网点和金融科技服务创新的推动效应；分析央行数字货币如何通过减少存款基础、改变货币乘数等方式对银行信用创造机制产生影响，并评估这对银行体系的稳定性和贷款能力的潜在冲击；通过分析央行数字货币在小额支付、跨境支付和第三方支付平台整合方面的影响，探讨央行数字货币在提升支付效率、减少交易风险以及优化银行间清算流程方面的潜力；通过分析其在降低跨境支付成本、提高支付速度和透明度方面的优势，探讨央行数字货币如何通过与现有国际清算系统（如 SWIFT、CIPS）结合，构建更高效的全球支付网络。最后，本书将基于 DSGE 模型，模拟央行数字货币对银行体系五大体系的动态影响，重点通过参数校准、脉冲响应分析，量化央行推出数字货币对商业银行各个系统的冲击影响，通过模型分析得出的结果，为央行数字货币政策的制定提供支持。

因此本书按照研究内容划分为 8 章。第 1 章对研究背景、研究意义、研究内容和创新点等作阐述，并对相关文献进行综合分析。第 2 章介绍央行数字货币的发展历程，并分别对国外的试点项目和我国的试点情况作分析，随后阐释定性分析的理论基础，包括货币供给理论、货币需求理论和内生增长理论等。第 3 章分别对我国银行五大体系的现状进行分析，包括银行资金融通体系、金融服务体系、信用货币创造体系、银行间支付体系和全球跨境支付体系。第 4 章的主要内容为央行数字货币重塑五大体系的理论分析，具体论述央行数字货币的推出通过何种路径对各个体系产生影响，并作静态的效率评价。第 5 章单独测算央行数字货币出台后，重塑银行信用货币创造体系带来的影响效应。本章运用时间序列模型的分析方法，得到三条实证结果：一是 DCEP 在长期内会通过提高现金漏损率 r_c、超额存款准备金率 r_e 和定活比 t 来降低货币乘数 m。二是在短期内，央行数字货币（DCEP）的发行会扩大狭义货币乘数 m_1 与广义货币乘数 m_2。三是从对狭义货币乘数 m_1 与广义货币乘数 m_2 变动的贡献率上来看，DCEP 对狭义货币乘数 m_1 和广义货币乘数 m_2 的变动均具有较大的影响。其中，DCEP 对广义货币乘数 m_2 变动的影响大于对狭义货币乘数 m_1 变动的影响。第 6 章单独测算央行数字货币出台后重塑全球跨境支付体系。本章通过模型实证分析我国央行数字货币（DCEP）对跨境支付体系的影响效应，实证结论表明，DCEP 显著促进了人民币跨境支付体系的发展。第 7 章通过建立包含家庭部门、厂商部门、商业银行、中央银行和国外部门的开放经济 DSGE 模型进行动态模拟，对央行数字货币的重塑效应进行检验。第 8 章对研究结论进行总结并提出对应的政策建议。

1.3.2　研究方法

本书采用多种研究方法全面分析央行数字货币对银行体系的影响。具体方法包括文献分析法、统计分析法及动态随机一般均衡（DSGE）模型分析，力求从理论和实证两个层面深入探讨央行数字货币对银行体系的冲击及其潜在效应。

文献分析法：本书通过梳理国内外央行数字货币的相关研究文献，了解该领域的研究进展、理论框架及现有成果。本书重点分析国内外学者对央行数字货币发行设计、宏观经济影响及对银行体系的影响等方面的研究，并通过归纳、总结来构建本书的研究基础。同时结合国际清算银行（BIS）、国际货币基金组织（IMF）等权威机构发布的研究报告，深入理解各国央行数字货币的政策实践与技术路线，为本书模型研究提供理论依据。

统计分析法：本书收集与央行数字货币相关的统计数据，包括各国数字货币试点过程中的数据、商业银行存款与贷款的相关数据、支付清算系统的运行情况等进行定量分析。通过对数据的整理与分析来揭示我国银行五大体系目前的发展状况及未来央行数字货币发行后的发展趋势，并为 DSGE 模型中的参数校准提供参考依据。

动态随机一般均衡（DSGE）模型分析：本书构建了一个包含家庭部门、厂商部门、商业银行、央行和国外部门的五部门开放经济 DSGE 模型。其优点在于能够从微观层面对经济主体的行为进行建模，并结合宏观经济波动因素分析央行数字货币冲击的传导效应。具体步骤包括：模型构建，创建一个五部门 DSGE 模型，设定家庭部门的资产选择行为、厂商部门的生产定价行为、商业银行的信用创造与央行的货币政策等多个关键要素；参数校准，结合中国人民银行发布的数据以及相关文献中的参数估计值，对模型中的各项参数进行校准，以确保模型模拟结果更具有现实意义；脉冲响应分析，利用脉冲响应函数（IRF）模拟分析央行数字货币政策冲击对主要内生变量的动态影响和潜在冲击；稳态分析与比较，对比央行数字货币发行后银行体系各个变量的稳态变化，评估数字货币对银行资金融通、金融服务、银行间支付、信用货币创造和跨境支付等体系的结构性影响。

1.4　创新点及技术路线

1.4.1　创新之处

本书的贡献与创新主要体现在五个方面：第一，创新性地构建了包含央行数字货币的五部门 DSGE 模型。本书在原有的基准 DSGE 模型框架基础上，加入了央行数字货币的相关设定及参数，构建了涵盖家庭部门、厂商部门、商业银行、央行及国外部门的五部门模型。这一创新不仅提升了模型的复杂性与实际情况适应度，还为模拟分析央行数字货币对银行体系和宏观经济的影响提供了一个全新的工具。第二，揭示了央行数字货币对银行体系的重塑机制。通过定性与模型相结合的方式，本书系统揭示了央行数字货币对资金融通体系、金融服务体系、信用货币创造体系、银行间支付体系及跨境支付体系的重塑效应，为未来的政策制定和商业银行的战略调整提供了参考，也为学术界提供了对央行数字货币进行多体系影响研究的新思路。第三，为政策制定和银行业战略调整提供了仿真实验依据，本书研究不仅具有学术价值，也通过模型的仿真模拟评估央行数字货币对五大体系的影响，为政策制定者优化央行数字货币发行策略、应对金融脱媒风险及推动商业银行的数字化转型发展提出了切实可行的建议。第四，单独测算和运用 VAR 模型实证分析，央行数字货币重塑银行信用货币创造体系带来的经济影响效应。第五，单独测算和实证分析，央行数字货币出台后重塑国际货币支付体系带来的经济效应。

1.4.2　技术路线

本书的研究遵循"问题提出—理论基础构建—现状分析—静态分析—动态模拟"的步骤流程，系统地分析央行数字货币发行对银行五大体系的重塑效应，技术路线如图 1.1 所示。

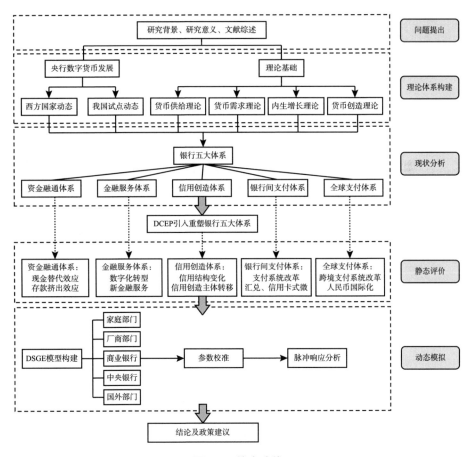

图 1.1　技术路线

1.5　本章小结

　　本章阐述了本书的研究背景和研究意义，即在新一轮科技革命和产业革命重塑全球经济格局的大背景下，央行数字货币发行会对重塑银行五大体系，随后对国内外相关研究文献进行了整理归纳和概述，并论述了研究方法和研究思路，包含问题提出、理论构建、静态分析和动态模拟等步骤，最后得出结论以及相应的政策建议。本章内容主要包含研究背景、研究意义、文献综述、研究内容、研究方法、可能的创新点以及技术路线。

第 2 章

央行数字货币发展状况与银行货币创造理论基础

2.1 数字货币发展

本节将分别介绍数字货币、法定数字货币和我国央行数字货币。首先阐述非法定数字货币的起源与发展，并对较有代表性的几种非法定数字货币的特性及应用场景进行分析；紧接着介绍法定数字货币的发展状况、定义和特征，探讨当前各国法定数字货币的发行进展情况；最后重点分析我国法定数字货币——数字人民币的货币属性及设计特征。

2.1.1 非法定数字货币发展

数字货币（digital currency）又叫加密货币（cryptocurrency），是近年来广受关注的一种新型货币，它依托区块链等去中心化技术运行，其兴起不仅挑战了传统的金融体系，还对全球经济、投资和支付系统产生了深远的影响。

非法定数字货币的历史最早可以追溯到 2008 年全球金融危机时期，比特币作为数字货币的先锋，由化名为"中本聪"（Nakamoto）的人在 2008 年发布的白皮书《比特币：一种点对点的电子现金系统》中首次提出。为了解决传统银行系统中存在的如货币滥发、中介费用高昂及金融危机中的机构存在倒闭风险等问题，比特币的设计理念中具有非常显著的去中心化的特点，同时比特币的供应量被限制在 2100 万枚，使其具有了通缩的特性。此外，比特币通过"挖矿"这一过程生成新币，在 2009 年比特币区块链的第一个区块被"挖出"，标志着比特币网络的正式诞生。

比特币的发展历程主要分为三个阶段：第一阶段，2009～2013 年是其技术验证和早期应用的阶段；第二阶段，2013 年后比特币受到广泛关注，并逐步进入主流视野；第三阶段，在 2017 年比特币的价格达到了历史高峰，这之后又经历多次剧烈波动，而比特币的发展过程也伴随着许多不同新的加密货币出现，非法定数字货币市场走向了多样化。以太坊（Ethereum）是其中最具代表性的一种，与比特币相比以太坊不仅仅是一种货币，更是一个支持智能合约和去中心化应用（DApps）的平台，它不仅支持交易，还允许开发者在其基础上进行应用程序构建、自动执行合约等操作。此外，瑞波币（Ripple）、莱特币（Litecoin）、比特现金（Bitcoin Cash）等非法定数字货币也在不同程度上进行了技术创新，如改进交易速度、降低交易费用等。非法定数字货币市场的多样化发展伴随着区块链技术的不断迭代进步，这也使得数字货币在支付、智能合约和去中心化金融等领域得到了前所未有的广泛应用。

非法定数字货币具有去中心化、匿名性、供应限制及市场波动性大等几项核心特征。第一，非法定数字货币的最大特征之一是去中心化，即不依赖于任何中央银行或政府机构就可以发行管理，基于区块链技术的交易和数据存储都是分布式的，每个节点都拥有一份完整的交易账本。这种去中心化运行机制的好处在于，可以实现全球范围内无国界的点对点交易，不需要传统金融机构的参与，因此在一定程度上提高了效率，且降低了中介费用。第二，非法定数字货币具有匿名性。以比特币为例，在系统中用户通过公钥和私钥进行交易，交易记录公开但交易者的身份不一定公开，这种匿名性使得非法定数字货币具有很好的隐私保护功能，但也带来了可能被用于非法活动的负面风险。为了平衡隐私保护与风险监管，一些非法定数字货币如门罗币

（Monero）就专注于通过技术创新和机制完善来提升匿名性，也有部分非法
定数字货币通过引入更严格的身份验证机制来满足监管要求。第三，非法定
数字货币通常具有固定的供应量。例如，比特币的总量为 2100 万枚，这一设
计的初衷是为了避免通货膨胀，同时使货币更具有稀缺性从而提高自身价值，
随着需求的增加，固定的供应量推动了价格上涨，这也是比特币等加密货币
价格波动比较剧烈的一个原因。第四，非法定数字货币市场的高度波动性，
由于市场对非法定数字货币长期价值的预期尚未稳定，再加上交易量和流动
性较小，非法定数字货币的价格容易受到市场情绪、政策变化和外部事件的
影响，比如比特币和以太坊等主要加密货币的价格波动虽然吸引了大量的投
机者，但也加大了其作为支付工具和价值储存手段的风险。

非法定数字货币的应用场景不仅仅体现在投资工具上，其在支付系统和
技术创新上也展现出了广泛的应用潜力。比特币等非法定数字货币最早的设
想就是成为一种无须中介的电子支付工具，当前许多在线商户、跨境电商和
实体店已经开始接受比特币、以太坊等加密货币作为支付手段，尤其是在跨
境支付中，数字货币能在全球范围内实现低成本、高效率的资金转移，减少
了传统跨境支付中需要经过银行清算步骤的优势更加明显。除了支付功能，
非法定数字货币也逐渐拥有了投资与投机功能，其在金融市场中作为投资标
的物越来越受到关注，由于波动剧烈的价格，许多投资者将比特币等加密货
币视为高收益的投资工具，尤其是在传统金融市场不确定性较高时，非法定
数字货币被投资者视为一种"避险资产"，但与此同时投机性也加大了市场
的波动风险。非法定数字货币所依托的区块链技术带来了广泛的技术创新应
用，以太坊引入的智能合约不仅使自动化、无须信任的合同执行成为可能，
也推动了去中心化应用程序（DApps）的发展，此外去中心化金融（DeFi）
和非同质化代币（NFT）等新兴领域也进一步扩展了应用场景。

非法定数字货币的快速发展也引起了全球各国监管机构的关注。如何平
衡创新与风险、建立有效的监管框架成为当前非法定数字货币面临的重大挑
战。目前，全球主要经济体对非法定数字货币的监管态度不一：美国采取较
为开放的态度，但加强了对交易所和初始代币发行（ICO）的监管；我国在

2017 年禁止了 ICO 并加强了对加密货币交易平台的管控，但在区块链技术应用上表现出积极的支持态度；欧盟则试图建立统一的监管框架，确保对非法定数字货币的有效监督。在所面临的潜在风险中，非法定数字货币涉及的主要法律问题包括打击洗钱（AML）、反恐融资（CFT）、税务合规以及防范欺诈等，由于加密货币的匿名性和去中心化特点，如何追踪和监管非法交易成为一个亟待解决的难题。

总的来说，非法定数字货币的发展为金融市场和支付系统带来了诸多创新与挑战，基于去中心化、匿名性及技术创新的特性，非法定数字货币在支付、投资和技术应用领域都展现出了巨大的潜力。然而，市场波动性及监管风险也不容忽视，随着各国法定数字货币的逐步推行，非法定数字货币面临更多监管和技术上的挑战。未来的研究方向也趋向于进一步探讨两者的共存与竞争关系，以及新兴技术如区块链和智能合约在金融体系中的应用前景。

2.1.2　法定数字货币发展

虚拟货币的发展会影响主权货币的主权地位，为了捍卫主权货币的地位各国央行开始推行法定数字货币，法定数字货币是由中央银行发行的数字形式的法定货币，又称央行数字货币（central bank digital currency，CBDC）。

推动法定数字货币发展的因素主要包括：第一是降低现金使用，随着全球货币流通的数字化进程加快，传统的纸币和硬币逐渐显现出许多局限性，现金的流通成本较高且易受到假币、偷窃等不法行为影响，此外移动支付和电子支付工具的普及（如支付宝、微信支付等）也显著改变了人们的支付习惯，越来越多的交易不再依赖于实体现金，部分国家甚至出现了"无现金社会"的趋势，为了确保货币系统的可持续发展，央行需要探索现金以外的支付方式；第二是提高支付效率，法定数字货币能够在央行与用户之间直接交易，尽可能减少支付过程中的中介环节，从而降低支付成本；第三是为了应对加密货币的挑战，非法定数字货币的崛起对现有货币体系构成了挑战，而推出法定数字货币可以通过提供合法、稳定的数字支付手段来应对这种威胁；

第四是增强货币政策传导能力，通过控制法定数字货币的供应量和利率，央行可以更直接地调控货币政策从而提升政策的执行效果。

因此，在多重因素的推动下，全球各个国家的央行开始了法定数字货币的研发工作，并且截至目前已经在法定数字货币的研究与试验方面取得了重要进展。我国的数字人民币（DCEP）是最早进行大规模试点的法定数字货币之一；欧洲中央银行也在积极探索推出数字欧元；瑞典的电子克朗（e-Krona）项目进一步加速了无现金社会的实现进程；同时其他国家如巴哈马、乌拉圭等，也已经推出了或正在试验法定数字货币。

法定数字货币主要有中央控制、法偿性、可控匿名等基本特性。第一，法定数字货币的一个显著特点是其由国家央行发行和管理，代表着主权货币，与非法定数字货币不同，法定数字货币通过央行的集中管理来确保货币发行的安全性和稳定性，央行可以控制法定数字货币的流通量、发行方式及具体的使用规则，从而进一步确保国家货币政策的有效性。第二，法定数字货币具有法偿性，有着与纸币和硬币相同的法律地位，在交易中所有法定数字货币的持有者都可以用其进行支付，而接受法定货币支付的商家和机构也必须接受这种货币。第三，法定数字货币提供了一定程度的匿名性以保护用户的隐私，但与完全匿名的非法定数字货币不同，法定数字货币的交易记录在技术上可以被追踪，这种"可控匿名性"在尊重个人隐私的基础上，也同时满足了反洗钱和反恐融资等法律法规的要求。第四，法定数字货币可以基于不同的技术架构，如区块链、分布式账本技术或使用中央数据库直接进行管理。例如，我国的数字人民币采用的是双层运营体系，由央行掌控货币发行同时通过商业银行进行流通管理。

当前法定数字货币的主要应用场景几乎已经涵盖了日常生活的方方面面。法定数字货币最直接的应用场景是日常零售支付，当前消费者对更便捷、更高效的支付方式的需求增加，法定数字货币可以像现金一样直接用于小额支付，且无须依赖互联网或支付平台，大大提高了支付的灵活性；法定数字货币也可用于跨境支付，在国际贸易和跨境结算中，传统的支付方式效率低下且成本高昂，法定数字货币通过减少清算中的中介环节来显著降低跨境支付成本、缩短支付时间，另外法定数字货币在国际结算中的使用广泛性也可以增强该国家货币在全球贸易中的地位；法定数字货币为央行提供了一个更直接有效的货币政策工具，通过法定数字货币央行能够更精确地影响市场中的资金流动，增强货币政策传导的及时性和有效性，例如在实施负利率政策时，法定数字货币的使用可以避免"零利率下限"的问题（Rogoff，2016），帮助央行打破利率政策的限制；法定数字货币的推出还可以为那些未能完全融入传统金融体系的人群（如偏远地区居民、低收入人群）提供无障碍的支付服务，通过手机等设备即可完成交易，使得更多人可以享受便捷的金融服务，提升金融体系的包容性。

当前各国央行法定数字货币的研发与实践皆已经取得了很大程度的进展，本书后续章节会对西方国家及我国的央行法定数字货币项目进行详细分析，此处只作概述。我国的数字人民币是法定数字货币实践中的领跑者，中国人民银行于 2014 年开始研发数字人民币，并于 2020 年在深圳、苏州、成都等城市进行试点。欧洲中央银行（ECB）在 2022 年启动了数字欧元的研究，数字欧元的推出不仅能为欧元区居民提供更多的支付选择，也能帮助欧元在全球数字经济中保持竞争力。欧洲央行目前对于数字欧元正处于规划和测试阶段，预计未来几年内将进行试点。瑞典中央银行（Sveriges Riksbank）由于其国内现金使用的急剧下降开始研究电子克朗，目前瑞典的电子克朗试点项目已经进入了第二阶段，未来可能会逐步实现全国范围内的推广。美国对法定数字货币的研究相对较晚，但随着比特币和其他加密货币的兴起，美联储也开始探索数字美元的可行性，虽然美国尚未正式推出试点项目，但美联储已经启动了相关研究来确保能够在全球金融体系中保持竞争力。

尽管法定数字货币有着巨大的潜力，但其技术和安全性仍面临许多挑战。央行需要确保数字货币网络的安全性，防范黑客攻击、系统故障以及数据泄露等风险，此外数字货币需要在全球范围内实现互操作性，这更对技术标准的制定和实施提出了新的要求；与非法定数字货币类似的，法定数字货币同样面临着隐私与监管之间的平衡问题，在保障用户隐私的同时，如何有效实施反洗钱、反恐融资等法律监管，是各国央行在设计法定数字货币时必须解决的核心难题；另外，法定数字货币的推出可能会对商业银行的资金来源和贷款发放产生影响，尤其是在存款基础减少的情况下，商业银行可能面临资金短缺和信用创造功能下降等风险，为了避免金融脱媒，央行在发行设计法定数字货币时需要制定合适的规则以确保其与现有银行体系能够协调发展。

综合比较法定数字货币与非法定数字货币可以发现，其主要差异在于发行与管理主体的不同，法定数字货币由国家央行发行具有法定地位，而非法定数字货币则由去中心化的网络管理不受政府直接控制，因而法定数字货币更强调货币政策的传导和经济控制，非法定数字货币则更注重交易的去中心化和匿名。另外在于货币属性的不同，法定数字货币具有法偿性、稳定的价值和货币供给量，由国家信用支撑，而非法定数字货币往往有固定供应量或通缩机制所以价格波动大，更多被视为投机性资产。在应用场景与市场定位方面，法定数字货币被纳入现有的金融体系主要用于零售支付、跨境支付和提高金融包容性，而非法定数字货币则倾向于在传统金融体系之外运行更多用于投资和支付创新。法定数字货币与非法定数字货币的差异详见表 2.1。

表 2.1 　　　　　　　　　法定数字货币与非法定数字货币差异

项目	法定数字货币	非法定数字货币
发行/管理主体	国家央行	去中心化网络
信用支撑	国家信用	无
发行量	由央行控制	固定供应量
价格浮动	稳定	浮动大
发行成本	较低	受挖矿资源限制，成本高
价值尺度	是	否
储藏价值	具有储藏价值	具有储藏价值
风险性	通货膨胀风险	信用风险、价值波动风险
定位	M0	虚拟数字货币
侧重	经济控制、金融包容	投机投资、支付创新

2.2　全球主要国家央行数字货币
发展动态及对我国的启示

目前，各个国家都在积极对央行数字货币进行深入的研究与探讨，全球主要国家和地区数字货币运行的实践如表2.2所示。

表 2.2　　　　　　　　**全球主要国家和地区法定数字货币实践情况**

国家和地区	实践情况
英国	2016 年，研发 RSCoin 并提供技术参照框架
	2020 年 3 月，英国央行发布数字货币报告
加拿大	2016 年 6 月，加拿大发起 Jasper 项目
	2020 年 10 月，与新加坡、英国开展跨境支付实验
新加坡	2016 年 11 月，新加坡金融管理局推出 Ubin 项目
	2021 年 5 月，Ubin 项目五个阶段已完成，开发基于区块链的数字货币原型
塞内加尔	2016 年 11 月，开发"基础区块链数字货币 eCFA"
瑞典	2017 年 9 月，启动 e-Krona 项目探索央行数字货币
	2020 年 7 月，瑞典央行开展央行数字货币试点工作
	2021 年 4 月，对 e-Krona 进行模拟测试并进一步推广
委内瑞拉	2018 年 2 月，推出石油币，成为全球首个发行央行数字货币的国家
突尼斯	2019 年 11 月，推出本国央行数字货币 e-Dinar
美国	2020 年 5 月，美联储发布数字美元项目白皮书
欧洲	2020 年 10 月，欧盟制定"发展数字货币计划"
日本	2021 年 4 月，日本央行数字货币实施初阶段测试
俄罗斯	2021 年 4 月，宣布计划创建数字卢布平台并进行测试
巴哈马	2021 年 5 月，在全球范围内推广本国数字货币 SandDollar

本节将对主要的数字货币实验项目进行分析，包括加拿大 Jasper 项目、

新加坡 Ubin 项目、日本银行和欧洲中央银行的 Stella 项目。

2.2.1 加拿大 Jasper 项目

加拿大 Jasper 项目是由加拿大央行（Bank of Canada）、加拿大支付协会（Canadian payments association）联合多家金融机构发起的一个探索性项目，其核心目标包括：提升支付系统的效率，探索分布式账本技术（Distributed Ledger Technology，DLT）在加快支付速度和简化交易流程方面的潜力；降低运营成本，减少支付系统中的中介环节、降低交易费用；增强安全性，利用 DLT 的分布式特点提升系统安全性，减少单点故障风险。

Jasper 项目分为多个阶段，每个阶段都有不同的研究重点和技术探索命题。第一阶段（2016 年）对 DLT 进行初步探索，该阶段主要研究 DLT 的基本功能和其在支付系统中的适用性，并且测试了 DLT 在批量支付和银行间清算中的应用效果，同时也使用了以太坊（Ethereum）平台模拟金融机构在央行账本上的资金转移过程，以验证 DLT 在支付领域的基本性能，在这一阶段，测试结果显示 DLT 可以适用于支付系统但交易处理速度和扩展性方面仍然存在挑战。第二阶段（2017 年）在技术研究上侧重于提升隐私性和效率，该阶段解决了隐私性和交易处理效率的问题，引入了由 R3 公司开发的区块链平台 Corda，并采用分布式账本技术的"通道"概念增强了交易的私密性，测试显示在小范围的银行间结算中，DLT 可以有效提高交易效率，但在扩展到更大范围时，性能问题依然存在。第三阶段（2018 年）转向跨境支付和外汇结算的探索，旨在简化跨境支付流程并减少结算风险，在这个阶段加拿大央行与欧洲央行、日本央行合作，进行了 DLT 在多国支付系统中的互操作性测试，重点是通过 DLT 实现即时结算以及减少外汇交易中的风险敞口，结果显示 DLT 在跨境支付中的应用潜力巨大，但仍需克服合规性和技术扩展性的问题。第四阶段（2019 年）结合了批发型央行数字货币（wCBDC），该阶段 Jasper 项目引入了批发型央行数字货币（wCBDC）的概念，它是央行数字货币的一种类型，与零售型央行数字货币（retail CBDC）相对应，wCBDC 专门用于金融机构之间的支付和结算，而不是直接面向普通公众，该阶段测试模拟了银行使用批发央行数字货币进行日常结算的场景，结果显示 wCBDC 在银行间的结算应用有一定优势，尤其是在处理高频交易时可以降低风险并显著提高结算速度。

Jasper 项目为 DLT 的应用和技术升级提供了宝贵的经验和数据，验证了 DLT 在提高支付系统效率和安全性方面的优良性能，其在跨境支付方面特别是在减少外汇交易风险和降低结算时间的应用潜力也得到进一步证实，该项目也为批发型央行数字货币的开发提供了理论和技术依据，奠定了未来央行数字货币发展的基础，并且从另一方面促进了多国央行的合作，加速了各国央行在 DLT 技术领域的探索，为全球金融基础设施的现代化提供了新的思路。虽然 Jasper 项目成果显著，但仍存在一些局限性，比如在大规模应用场景下，DLT 的交易处理速度和数据存储能力仍需提升；DLT 和批发央行数字货币的法律框架尚不完善，在跨境支付中的应用还面临合规挑战；与现有金融基础设施的高效整合措施，以及如何在传统系统和 DLT 系统间无缝衔接，也尚未得到具体解决。

Jasper 项目的实施为我国的数字人民币研发和推广提供了一些有价值的启示，特别是在技术应用、系统设计和跨境支付等方面。

分布式账本技术（DLT）的适用性和局限性：Jasper 项目在探索 DLT 时发现，虽然 DLT 具有去中心化、透明性和数据不可篡改的优点，但在支付系统的高频、大规模交易中，DLT 的交易处理速度和系统可扩展性存在很大限制。因此 DLT 的优点可以应用于特定场景，如跨境支付和批发支付，但在高频的零售支付场景中，数字人民币可以通过中心化的数据库来提升交易处理速度和系统稳定性，这种方式能够在确保系统性能的同时保留一定的分布式账本技术来增强安全性和透明度。

批发型央行数字货币的应用前景：Jasper 项目在 wCBDC 的探索中发现其在银行间结算、跨境支付中具有显著优势。通过使用 wCBDC，可以减少结算时间和降低风险，虽然我国的数字人民币目前主要面向零售支付，但未来可以考虑开发批发型数字人民币，用于金融机构之间的支付和清算，进一步提高金融市场的结算效率。

跨境支付合作的策略：Jasper 项目通过与其他国家央行（如日本央行、欧洲央行）的合作，探索了 DLT 在跨境支付和多币种结算中的应用，表明多国央行的合作有助于解决跨境支付中的合规和互操作性问题。我国数字人民币的国际化战略可以从中借鉴经验，积极推动数字人民币在"一带一路"倡议框架下的跨境支付合作，特别是与东南亚国家的央行建立多边或双边合作机制，打造区域性数字货币支付网络。

技术架构的灵活性：Jasper 项目多次采用不同的技术平台（如 Ethereum、Corda 等）进行测试以寻找最适合的技术架构。我国数字人民币可以在技术选择上进行多样化探索，如针对零售支付采用集中式架构，针对跨境支付和批发支付采用分布式账本技术，以更好地应对不同支付场景下的挑战。

2.2.2　新加坡 Ubin 项目

新加坡 Ubin 项目是由新加坡金融管理局（Monetary Authority of Singapore，MAS）主导探索分布式账本技术（DLT）的研究项目。该项目始于 2016 年，旨在评估 DLT 如何应用于银行间支付、结算系统及批发型央行数字货币的实施。

Ubin 项目的发展大致可以分为五个阶段：阶段一（2016～2017 年）主要探索了 DLT 在银行间实时支付结算中的应用，测试了使用 DLT 平台来实现去中心化的支付系统，该阶段的测试显示 DLT 在处理小规模支付和结算时具有潜力，但在处理高频交易时存在性能问题。阶段二（2017～2018 年）引入了 Corda 平台测试如何提高交易的隐私性和进行数据保护，测试结果在提高支付系统的安全性方面很乐观，但系统可扩展性和处理能力仍需要进一步优化。阶段三（2018 年）与加拿大 Jasper 项目进行了联合测试，重点解决跨境支付中的延迟和高成本问题。阶段四（2019 年）结合批发型央行数字货币测试其在银行间结算中的应用。阶段五（2020 年）的重点是开发多币种支付网络（MCBN），允许不同国家的央行和金融机构通过 DLT 进行多币种结算，该阶段测试与摩根大通集团及其他国际金融机构进行了合作，结果表现出了 DLT 在促进跨境多币种支付方面的巨大潜力。

Ubin 项目的主要成果显示，DLT 可以显著提升银行间结算的速度，并且证明了 wCBDC 在批发金融市场中的实际应用价值，该项目也通过与其他国家和地区的合作推动了 DLT 在全球支付网络中的应用，最后该项目验证了 DLT 在多币种环境中的可操作性。

Ubin 项目为我国数字人民币提供了宝贵的经验借鉴，包括技术应用、系统设计以及监管合规等多个层面。

多币种支付系统构建：Ubin 项目的多币种支付网络展示了 DLT 技术支持多币种支付和外汇交易的潜力。我国可以参考推动数字人民币在全球多币种支付系统中的应用，提升跨境支付中的人民币份额，通过构建多币种结算平台，在与共建"一带一路"国家的贸易中促进人民币结算，推动数字人民币的国际化进程。

隐私保护与监管合规的平衡：Ubin 项目在隐私保护和监管合规方面的探索为我国数字人民币提供了借鉴。通过技术手段来确保数据的安全性和隐私保护，同时满足监管要求（如反洗钱和反恐融资），实现交易的可追溯性，这对我国数字人民币的可控匿名性设计有重要启示。

技术创新驱动下的金融基础设施现代化：Ubin 项目体现了技术创新如何推动支付系统的现代化和安全性提升。数字人民币不仅是支付工具的创新，也是推动金融基础设施升级的关键一步，在推动数字人民币的同时进一步升级金融基础设施，建设智能化的支付清算网络，以增强系统的抗风险能力和灵活性。

2.2.3　日本银行和欧洲中央银行 Stella 项目

Stella 项目是由日本银行（Bank of Japan）和欧洲中央银行（ECB）联合发起的研究项目，主要目标是评估 DLT 在支付系统和证券结算系统中的可行性，以及如何利用这项技术（DLT）提升金融基础设施的效率和安全度。日本银行和欧洲央行都面临着升级现有支付和结算系统的需求，因此 Stella 项目的研究重点在于验证 DLT 的性能并找出适合于金融市场应用的技术解决方案。

Stella 项目可分为四个研究阶段：阶段一（2016～2017 年）主要探索 DLT 在同步跨境支付（payment-versus-payment，PvP）和交割系统（delivery-versus-payment，DvP）中的应用，通过测试评估了 DLT 在执行多方参与的同步支付和证券交割过程中的性能和可靠性，结果表明，DLT 在小规模交易中表现较好但在大规模交易时可能面临性能瓶颈和延迟问题。阶段二（2018 年）研究重点是 DvP 机制，为探索 DLT 在证券交易结算中的应用模拟了不同国家之间的跨境证券交易和资金清算，结果表明 DLT 有助于提高跨境交易的透明度但对大规模部署的技术要求较高。阶段三（2019 年）着重研究如何在 DLT 应用中增强隐私性以及提高系统的可扩展性，在该阶段采用了多种技术手段（如零知识证明和分片技术）提升 DLT 系统在保护数据隐私的同时保持高效交易处理的能力，这一阶段的测试为解决 DLT 在大规模应用特别是在金融市场的高频交易环境中的技术障碍提供了新的方案。阶段四（2020 年）的重点是探索 DLT 如何与现有的支付和结算基础设施相结合以实现系统的现代化升级，该阶段测试了 DLT 在现有基础设施中的嵌入方式，研究结果显示 DLT 在与传统系统集成尤其是在改善支付和证券结算流程上有极大的应用前景。

Stella 项目的主要成果包括验证了 DLT 在提升支付和结算系统效率上的潜力，为金融市场基础设施的现代化升级提供了方向；展示了 DLT 在多国支付和证券市场中的应用潜力，为建立跨境支付和结算的全球标准提供了参考。

Stella 项目为我国数字人民币的研发提供了多方面的启示：第一是金融市场基础设施的现代化，Stella 项目研究了 DLT 在升级金融基础设施方面的应用，我国可以参考这一经验，将 DLT 技术应用于现有支付和证券结算系统的现代化改造以提高金融市场的效率；第二是技术与隐私的平衡，Stella 项目在研究 DLT 的隐私保护时采用的多种技术也为我国在数字人民币的隐私保护设计上提供了参考。

2.3　我国央行数字货币发展与试运行状况

数字人民币（Digital Currency Electronic Payment，DCEP）是中国人民银行推出的法定数字货币，是我国推动金融创新、提高支付效率，以及应对全球数字货币竞争的核心举措之一，也是金融体系现代化的重要一步。

2.3.1　数字人民币发展背景

中国作为世界第二大经济体，电子支付和金融科技的快速发展为数字人民币的研发与推出打下了坚实的基础。根据中国信息通信研究院发布的《中国数字经济发展白皮书》可以看出，近年来我国数字经济年平均增长率呈现增长趋势，数据显示2023年我国数字经济规模达到53.9万亿元，占GDP比重达到42.8%。数字经济有效地支撑了经济稳增长、数据要素市场加快建设和数字经济产业体系不断完善支撑了我国新质生产力的积累和壮大。我国庞大的数字支付市场促使政府与央行推动货币系统的数字化转型，进一步提升支付效率、降低现金管理成本，并增强货币政策的灵活性，我国数字经济发展情况见图2.1。

同时，我国在区块链技术、人工智能和大数据分析等领域的技术进步也为数字人民币的研发和应用提供了关键的技术保障。区块链技术的分布式账本、不可篡改性和透明性为数字人民币的交易记录和系统安全性奠定了基础，确保了支付系统的安全可靠性；人工智能在风险控制、交易欺诈检测和用户身份验证方面的应用进一步增强了数字人民币的安全保障机制，使其能够适应复杂的支付场景；此外，大数据分析也为广泛使用数字人民币所涉及的高效处理能力提供了支持，通过对大量交易数据的实时分析能够更好地进行货币政策调控、金融风险预测以及用户行为分析，从而提升整个金融系统的智能化水平，并且大数据分析还可以帮助央行更好地监控金融市场动态，提升货币流通中的透明度和可追踪度。

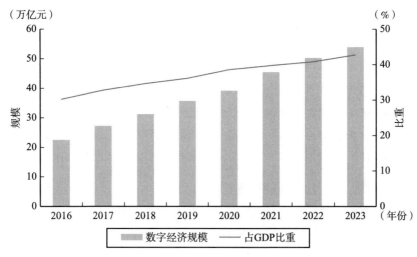

图 2.1 数字经济发展状况

资料来源：中国信息通信研究院《中国数字经济发展白皮书》。

2019 年 10 月，我国正式将区块链技术列为国家战略，强调其在推动技术创新、促进经济转型中的重要作用。作为数字人民币的底层技术之一，区块链技术的国家级战略定位是为数字人民币的技术研发与试点实践提供了坚实保障，这一举措不仅加速了区块链技术的迭代升级和应用推广，也为数字人民币的快速落地创造了有利条件。

2.3.2 数字人民币发展历程

我国央行早在 2014 年就启动了对法定数字货币的研究，是全球最早关注和探索央行数字货币的主要国家之一。2014 年，中国人民银行成立了专门的工作组负责研究法定数字货币的可行性、技术架构和法律框架，这一阶段的研究主要围绕如何利用数字货币提高支付系统效率、减少现金流通成本，以及防范比特币等私人数字货币带来的金融风险等关键命题。随着研究的深入，

2016 年中国人民银行正式成立了数字货币研究所，专注于我国法定数字货币的技术研发和应用探索，并积极探求与国内外技术公司的合作，如与腾讯、阿里巴巴等企业在区块链技术和电子支付系统方面进行联合研发以推动数字人民币的技术落地，数字货币研究所的设立也标志着我国的法定数字货币研发进入了系统化和机构化阶段。

2019 年数字人民币的研发进入关键阶段，这一年数字人民币从理论研究和技术探索转向了实际应用的开发和测试。2019 年 8 月，时任中国人民银行货币研究所所长的穆长春在会议上表示，数字人民币的研发已经取得了阶段性进展并且具备了推出条件，此后数字人民币的研发转向了具体的应用场景测试，包括模拟银行和企业间的支付流程、探讨如何实现数字人民币与现有支付系统的兼容性等。2020 年至今，数字人民币开启了多轮试点，首批城市包括深圳、苏州、成都、雄安新区等，试点项目涵盖了包含商场消费、餐饮服务、公共交通、教育缴费、医疗支付等在内的多种应用场景，初步试点的结果也显示出了数字人民币的广泛适用性和高效支付能力。到 2021 年试点范围进一步扩展到上海、海南、西安、青岛、大连等地，截至 2024 年 6 月末，数字人民币已经在 17 个省（区、市）开展试点，累计交易金额已达 7 万亿元。

经过 6 年多的研发、4 年多的试点，我国已经初步验证了数字人民币在理论、业务和技术上的可行性和可靠性，数字人民币在公众中的接受度逐渐提高，已经具备大规模推广的技术和市场条件，具体我国数字人民币发展历程详见图 2.2。

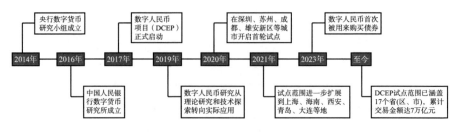

图 2.2 数字人民币发展历程

在政府的高度重视下，数字人民币不仅被视为国内金融体系现代化的重要工具，还被赋予了助力人民币国际化的重要使命。2021 年 3 月，中国人民银行发布了《关于数字人民币（试点版）的研发进展白皮书》，系统阐述了数字人民币的设计理念、技术框架和应用场景。此外，中国人民银行还积极探索与其他国家和地区的央行合作，例如与泰国、阿联酋、中国香港等国家和地区的金融管理部门合作，推动数字人民币在跨境支付和国际贸易中的应用。

2.3.3　数字人民币技术框架与设计

数字人民币（Digital Currency Electronic Payment，DCEP）是中国人民银行发行的数字形式的法定货币（又称央行数字货币，CBDC），由指定运营机构参与运营，以广义账户体系为基础，支持银行账户松耦合功能。我国的数字人民币主要定位于现金类支付凭证（M0），并且将与实物人民币长期共存，都是央行对公众的负债，具有同等法律地位和经济价值。

我国央行数字货币发行框架与现行纸币系统保持一致是中心化管控下的中央银行 – 商业银行双层架构体系，商业银行向央行缴纳 100% 的准备金来兑换央行数字货币，并面向个人和机构提供兑换服务。这种双层架构一方面可以充分利用商业银行现有的技术基础和支付网络共同构建完整的数字人民币生态系统；另一方面也有助于分散潜在的金融风险，防止在极端情况下风险过度集中于中央银行，既确保了央行直接控制货币供给量和货币流通，也保留了商业银行在金融服务中的中介角色，从而避免了对现有银行体系的直接冲击，具体数字人民币发行框架如图 2.3 所示。

我国数字人民币的核心设计框架可以简称为"一币两库三中心"，它是为了确保数字人民币的安全性、可控性和高效性而提出的结构化方案。"一币"指的是统一的央行数字货币，即中央银行发行的具有与现金相同法律地位的数字人民币，它能够在全国范围内作为合法的支付手段使用，不仅可用于零售支付，还可以用于政府补贴、公共服务缴费等多样化的应用场景，满足多样化的支付需求。"两库"是指央行发行库和商业银行库，发行库由中央银行设立并管理，负责数字人民币的生成、发行和回收，所有的央行数字货币都首先在发行库中生成，并由央行根据需要调控其发行量；商业银行库由各商业银行建立，用于存储从央行领取的数字人民币，并进行日常的发放、回收和管理，商业银行库与发行库之间通过严格的账户管理和交易记录进行连接以确保资金流动的安全性和合规性。"三中心"是指系统架构中设置的认证中心、登记中心和大数据分析中心，它们共同保障着数字人民币系统的安全和高效，其中认证中心负责对所有的交易进行身份认证和授权；登记中心用于记录和管理数字货币的发行、流通和回收全过程，确保其可追溯性和透明性；大数据分析中心通过对交易数据的分析，帮助央行进行货币政策的调整和金融风险的监控以提高金融监管的有效性。

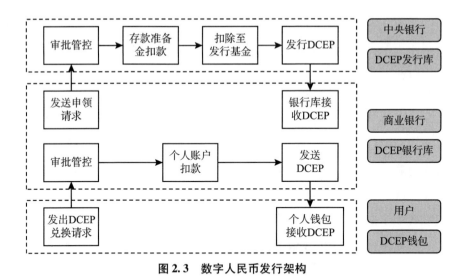

图 2.3　数字人民币发行架构

　　这种"一币两库三中心"的架构设计既能利用现有的金融基础设施和商业银行网络，增强系统的兼容性，又能够通过分散系统架构来防范单点故障和风险集中，确保数字人民币在大规模应用时的安全性和高效率。

　　我国数字人民币的主要技术基础包括区块链、分布式账本、密码学、大数据分析和移动支付技术等。尽管数字人民币并未采用完全去中心化的区块链架构，但区块链技术的关键特性如分布式存储、不可篡改和数据透明，都为数字人民币的研发和应用提供了重要的技术支撑，在部分应用场景中，区块链技术可以帮助提高交易数据的安全性和可信性，并且区块链的智能合约功能也可以用于自动执行特定条件下的支付操作，提升支付的自动化程度；数字人民币还采用了分布式账本技术（DLT），使交易记录可以在多个节点上进行存储和同步更新，有效降低了单点故障的风险，在数字人民币的系统架构中，央行作为主节点负责维护总账，而商业银行作为次级节点则管理用户的交易信息。数字人民币采用了多种先进的密码学技术包括对称加密、非对称加密和哈希算法等，用以保障数据传输的安全和保护用户的隐私，密码学技术在确保交易的真实性、机密性和不可抵赖性方面起到了关键作用，例如通过非对称加密技术，数字人民币的交易信息可以在公开传输的同时，防止未经授权的第三方窃取或篡改数据。大数据技术主要用于数字人民币的监管、货币政策实施和市场风险监控等方面，另外还可以用于识别和追踪可疑的资金流动，防范洗钱、恐怖融资等金融犯罪；我国在移动支付领域的发展处于全球领先地位，这也为数字人民币的应用推广提供了坚实的基础。通过与现有的移动支付系统（如微信支付、支付宝）对接，数字人民币可以快速嵌入日常生活中的各种支付场景，并且数字人民币的支付系统支持离线支付、双离线支付等多种模式，同样满足了在网络不稳定或无网络环境下的支付需求。这些技术的集成应用使数字人民币不仅具备与现有电子支付手段的兼容性，还为我国在全球数字货币竞争中奠定了技术优势。

2.3.4　数字人民币试点情况

自 2020 年开始，中国人民银行逐步在全国范围内展开数字人民币（DCEP）的试点，以测试其技术可行性、市场接受度和多样化应用场景。试点工作从初期的在深圳、苏州、成都、雄安新区等城市范围内应用，逐渐扩展到更广泛的上海、海南、西安、青岛、大连、广州等城市，逐渐形成了全面推广的基础。

随着试点的推进，数字人民币的应用场景也不断丰富，覆盖了零售支付、政府补贴发放、公共服务缴费、交通出行等多种场景。目前试点城市中的大部分商户，包括超市、餐饮、购物中心等，都已支持数字人民币的支付；一些城市也开始使用数字人民币发放补贴，如深圳的数字人民币红包活动、成都的数字人民币消费券等；在日常生活中，市民可以使用数字人民币支付水电费、交通罚款等政府公共服务费用；试点城市的地铁、公交等公共交通系统也逐步接入了数字人民币支付系统，为市民出行提供了更多支付选择；另外在海南等自贸试验区，数字人民币也逐步用于跨境支付。

在几个典型试点城市中，根据江苏省发布的数据来看，截至 2024 年 7 月末全省累计开通数字人民币个人钱包 5714 万个、对公钱包 240 万个，受理商户门店达 328 万个，累计交易金额 5.6 万亿元。数字人民币支付便利化工作也在稳步推进中，4A 级及以上景区、机场、高铁站等重点涉外场所商户受理覆盖率分别达到 86%、46%、42%，35 万台智能 POS 机支持硬钱包付款。数字人民币创新场景、技术产品上线落地近 50 项，并且还上线了智能合约服务平台"苏智合""苏结通"，提供教培、健身等预付消费产品。镇江、南通、南京等 6 个地市、16 家外贸企业，都参与了多边央行数字货币桥项目试点。

根据中国人民银行湖南省分行的数据来看，自 2020 年 12 月开始试点以来，长沙数字人民币应用场景已遍布公共交通、政务服务、网红消费、乡村全面振兴等众多领域。数字人民币商户落地 52.32 万家、累计交易逾 1.49 亿笔、金额逾 266 亿元，2024 年上半年还先后落地了首笔多边央行数字货币桥跨境支付业务、"闪开来电"电动自行车充电数字人民币支付场景以及首个基于数字人民币智能合约的预付式消费资金监管项目。

数字人民币的试点覆盖了多个城市和多种应用场景，成功验证了技术的可行性和市场的接受度。试点过程中的技术测试也显著突出了系统的高效性和安全性，用户的反馈也为数字人民币的全面推广提供了宝贵的经验。然而在推进过程中，如何增强公众对数字人民币的理解和应用以及如何与现有支付体系有效竞争，仍然是后续需要继续关注的问题。

2.4 银行货币创造机理

本节主要探讨银行货币的创造机理，即通过存款和贷款业务将基础货币转化为更大规模的货币供给，这一过程涉及的理论包括货币供给理论、货币需求理论、内生增长理论和信用货币创造理论。

2.4.1 货币供给理论

货币供给指的是经济体内总的货币存量，一般由基础货币和通过银行系统的货币乘数效应创造的货币组成。货币供给的决定因素包括央行的货币政策（如存款准备金率、再贴现率等）、银行体系的行为（如贷款发放的规模）以及公众对现金的需求。货币乘数效应即在一个法定准备金制度下，商业银行通过存款业务可以多倍地扩大货币供给。商业银行每吸收一笔存款，都可以保留一部分作为法定准备金，然后将剩余部分贷出，通过反复地吸收存款和发放贷款，最初的基础货币可以倍数放大，形成更大的货币供给量，其基本公式如方程（2.1）所示：

$$M = m \times B \tag{2.1}$$

其中，M 代表货币供给总量，B 为基础货币，m 为货币乘数。基础货币是由中央银行发行并在经济体系中流通的货币，其本质是中央银行的负债，主要由流通中的现金和商业银行的准备金两个部分组成。

$$B = C + R \tag{2.2}$$

其中，C 为流通中（公众持有）的现金，R 为存款准备金，包括法定存款准备金和超额准备金。弗里德曼认为，基础货币是最具控制性的货币供应工具，它直接由中央银行控制，是货币政策的核心。

货币供应通常根据货币的流动性从高到低分为多个层次。各国央行和金融统计机构对货币供应量的层次划分通常会有所差异，但一般分为以下主要类别：M0 是指流通中的现金，以及商业银行存放在中央银行的存款准备金，具有最强的流动性；M1（狭义货币）包括流通中的现金和活期存款，其流动性较高，能够快速用于支付和交易，反映了经济中直接用于交易的货币量；M2（广义货币）包括 M1 加上定期存款等流动性稍低的金融资产，反映了金融体系中所有可用于支付的货币和接近货币的资产，通常被视为更广义的货币供应量指标；M3（更广义的货币）包括 M2 和大额定期存单、机构货币市场基金和其他流动性较低的金融工具，M3 流动性较低，但可以反映金融市场中的资金总量和流动性。一些国家如美国，在金融市场高度发达的背景下，可能会考虑 M3 的变动来分析货币供应的整体趋势。根据分析可得货币供应量等于流通中的现金加上商业银行一般性存款，如方程（2.3）所示：

$$M = C + D \tag{2.3}$$

其中，D 为银行一般性存款，联立可得货币乘数公式：

$$m = \frac{C + D}{C + R} \tag{2.4}$$

另外定义现金漏损率 r_c，即得

$$r_c = \frac{C}{D} \tag{2.5}$$

银行存款准备金 R 分为法定准备金和超额准备金。设定 r_d 为法定准备金率，r_e 为超额准备金率，则存款准备金可以表示为

$$R = (r_d + r_e) \times D \tag{2.6}$$

将上述公式代入货币乘数公式即可得到

$$m = \frac{r_c + 1}{r_c + r_d + r_e} \tag{2.7}$$

公众持有现金越多（即现金漏损率 r_c 越高），银行体系内用于放贷的存款就越少，货币乘数也就越低；法定准备金率（r_d）越高，银行必须留存的准备金则越多，放贷资金变少，货币乘数降低；银行自愿留存的额外准备金率（r_e）越多也越会降低货币乘数。因此现金漏损率、法定存款准备金率和超额存款准备金率均与货币乘数负相关，中央银行可以通过公开市场操作、

调整准备金率以及改变再贴现率等手段来调节基础货币，从而影响货币供应总量。

2.4.2　货币需求理论

货币需求理论主要研究货币需求量的影响因素，以及货币需求对价格指数和总产出的影响机制，其发展经历了从早期的简单模型到后来的复杂理论体系。

古典货币需求理论：古典经济学中货币被视为一种中性工具，只在短期内对经济产生影响。欧文·费雪（Irving Fisher）提出了货币数量论，并用费雪方程式来表达货币需求与经济总量之间的关系如方程（2.8）所示：

$$MV = PY \tag{2.8}$$

其中，M 为货币供给量，V 为货币流通速度，P 代表物价水平，Y 是实际产出。该理论认为如果货币流通速度和产出是固定的，那么货币供给的变化可以直接影响物价水平。但古典货币需求理论的假设过于简单，将货币需求视为与经济活动成正比的线性关系，未能考虑其他影响货币需求的因素。

凯恩斯的货币需求理论：约翰·梅纳德·凯恩斯（John Maynard Keynes）在 1930 年前后提出了著名的流动性偏好理论，扩展了货币需求的内涵。他认为人们持有货币的动机不仅限于交易，还包括为应对不确定性的预防性动机和基于对未来利率变化预期的投机性动机。凯恩斯的理论强调了利率作为决定货币需求的重要因素，认为当利率较低时人们更倾向于持有货币从而增加了货币需求。凯恩斯的货币需求理论标志着货币需求分析从单一的交易需求转向更广泛的动机分析，提出了货币需求与利率之间的反向关系，对之后货币政策理论的发展具有深远影响。

弗里德曼的货币需求理论：20 世纪中期米尔顿·弗里德曼（Milton Friedman）提出了现代货币数量论，进一步扩展了货币需求的决定因素。他认为货币是一种持有财富的形式，与其他资产（如债券、股票）之间存在替代关系。因此货币需求不仅取决于收入和利率，还与其他资产的收益率有关。

弗里德曼提出的公式如方程（2.9）所示：

$$M_d = f(Y, r_m, r_b, r_e, P) \tag{2.9}$$

其中，Y 是实际收入，r_m、r_b、r_e 分别代表货币、债券和股票的收益率，P 为物价指数。弗里德曼认为，货币需求的稳定是由一系列经济因素所决定的，因此他主张通过控制货币供给来实现稳定的经济增长。

新凯恩斯主义货币需求理论：新凯恩斯主义学派认为，货币需求的变化会受到价格刚性和名义黏性的影响。在这一理论框架下，货币政策通过影响利率和货币供给来调节经济活动，尤其在短期内对总需求产生显著影响。

2.4.3　内生增长理论

内生增长理论（endogenous growth theory）是20世纪80年代发展起来的旨在解释经济增长长期驱动因素的经济增长理论。外生增长理论如索洛模型认为，长期经济增长主要依赖于外生的技术进步，而资本积累的效应在长期内趋于递减；内生增长理论则认为经济体系内部的机制可以不断推动技术进步和生产力增长，从而实现长期的可持续增长。相对而言，内生增长理论能够解释为什么不同国家的经济增长率存在显著差异，因为这种差异部分源于人力资本积累、创新激励和研发投资的不同。

内生增长理论的基本思想可以归纳为：技术进步是内生的而不是外生的因素，技术进步源于企业的研发活动、教育、人力资本积累或知识应用；研发和创新投资起到重要作用，企业的研发活动和创新投资可以产生新的技术和产品从而提高经济的生产能力和长期增长率；人力资本的重要性，知识和技能的积累是推动经济增长的关键，教育和培训能够提高劳动者的生产效率并促进技术进步和自主创新。

内生增长理论的几种重要模型解释了不同因素在推动经济增长中的作用：罗默模型（Romer model）提出技术进步可以通过研发投资来实现，这种投资是由市场中的企业自发进行的，罗默模型中的技术进步是非竞争性的（即具有外部性），这意味着一种新的知识或技术在可以被其他企业使用的同时不会减少原始拥有者的收益；卢卡斯模型（Lucas model）提出了人力资本积累对经济增长的重要性，卢卡斯模型认为可以通过教育和培训提高劳动者的技能和生产能力，知识的积累不仅对个人有利还能对整个社会产生溢出效应，以达到持续提高经济增长率的目的；阿吉翁 - 豪伊特模型（Aghion-Howitt model）提出了技术阶梯（quality ladders），他们认为创新的累积性和技术改进的持续性是经济增长的关键因素，企业的研发活动可以改进技术从而取代旧的技术并实现经济的动态发展。

内生增长理论对经济政策有着重要的启示，尤其是如何通过内部激励机制来促进经济增长。首先，鼓励研发和创新，政府可以通过税收优惠、补贴、知识产权保护等政策手段激励企业和个人从事研发活动，以推动技术进步和创新；其次，加强教育和人力资本投资，通过增加对教育和职业培训的投入，提高劳动力的技能水平和适应能力可以增强经济体的生产效率；最后，促进知识扩散和技术应用，通过国际技术合作、对外开放和信息共享等手段，加快技术和知识在企业间的扩散能够推动全社会生产率的提升。

银行的货币创造在内生增长理论中也起到了非常重要的作用，因为金融体系的深度发展和信贷的扩张有助于提高资本积累效率和经济增长，银行的信贷扩张和货币创造可以通过提高企业的投资能力来促进经济增长。内生增长理论强调金融市场的完善、银行的信贷供给能够激励技术创新和生产效率的提高，进而推动经济的内生增长。

2.4.4　信用货币创造理论

信用货币创造理论是现代货币理论的重要组成部分，它描述了基于信用体系所产生的货币现象。该理论认为，银行体系通过信贷活动能够创造新的货币供给，这一过程的核心在于银行的信贷活动，与传统的铸币和纸币发行不同，信用创造货币更多地依赖于市场参与者的信用状况和银行的信贷决策，因而这一创造过程更加灵活，但也存在一定的风险。

信用创造论最早产生于 18 世纪，该理论认为国家拥有的货币多，创造就业的机会就多，从而能够增加国民财富，信用扩大、货币增加可以促进工商业的发展。其代表人物麦克鲁德（McCruder）在其《信用的理论》中认为，银行及银行业者的本质是信用的创造和发行，因此银行并非单纯的借贷货币，而是信用的制造厂。熊彼特（Joseph Alois Schumpeter）则认为是科学技术进步、新产品、新工艺、新材料的出现引起了生产要素的重新组合，从而产生了对银行信用的需求。

信用货币的创造过程主要通过银行的信贷活动实现，当银行向一个信誉良好的客户发放贷款时，实际上是基于信用体系的基础创造了新的货币，在这一过程中，银行的资产和负债同时增加。贷款进入经济体系后会增加企业或个人的流动性，使他们有能力进行更多的交易和投资活动，这些新增的货币流通于经济中刺激消费和生产，进一步促进经济活动增长和货币供给的扩张。但信用创造货币的过程依赖于市场参与者的信用状况和银行的信贷决策，因此信用风险和市场波动可能影响到信贷供给和货币创造的稳定性；并且信用货币创造并不是无限制的，中央银行通过存款准备金制度等政策措施，对商业银行的信用创造活动进行调控，以确保货币供给的稳定性和经济增长的可持续性。

信用货币创造理论是现代货币理论的重要组成部分，它揭示了银行体系通过信贷活动创造新的货币供给的过程和机制。这一理论不仅为理解货币的本质和功能提供了新的视角，也为宏观经济分析和政策制定提供了重要的理论依据。

2.5　本章小结

本章介绍了本书主要的理论基础，主要包括三个部分：第一，介绍数字货币的发展状况，分别论述了非法定数字货币的发展历程、主要币种及技术架构和潜在风险等，随后分析了法定数字货币的发展背景、架构以及目前全球各国的研发情况。第二，分别介绍了全球主要国家的法定数字货币发展动态以及我国数字人民币的情况，在其他国家数字货币发展状况中详细分析了三个主要法定数字货币项目的成果以及我国能够从中得到的经验启示，在我国数字人民币发展情况小节中分析了数字人民币的研发背景、研发历程、技术架构设计以及主要试点城市的试点情况。第三，论述了银行货币创造机理涉及的货币供给理论、货币需求理论、内生增长理论和信用货币创造理论，为后续模型构建提供了理论基础。

第 3 章
我国银行系统五大体系现状分析

3.1 银行资金融通体系现状分析

银行资金融通是指银行通过吸收存款和发放贷款等业务，将社会上的闲散资金集中起来转化为贷款和投资等用来支持企业和个人的资金需求，在这个过程中银行作为资金中介为企业的资本形成、技术创新和居民消费提供了必要的资金支持。作为金融体系的重要组成部分，通过提高资本的流动性和使用效率，银行资金融通体系在优化资源配置、发展经济和实现宏观调控目标等方面都发挥着关键作用。

在过去几十年中，我国银行体系经历了剧烈变革和快速发展，资金融通体系的规模不断扩大，资金的来源和运用方式日益多样化。根据中国人民银行的统计数据，截至 2023 年底中国金融机构的人民币各项贷款余额达到 237.59 万亿元，同比增长 10.6%，其中对实体经济发放的贷款占比超过 80%，表 3.1 及图 3.1 数据表明了银行贷款仍然是我国资金融通的主要渠道。

表3.1   2014～2023年我国金融机构人民币贷款余额及增速

项目	2014年	2015年	2016年	2017年	2018年
贷款余额（万亿元）	81.68	93.95	106.6	120.13	136.3
增速（%）	13.6	13.4	13.5	12.7	13.5
项目	2019年	2020年	2021年	2022年	2023年
贷款余额（万亿元）	153.11	172.75	192.69	214.84	237.59
增速（%）	12.3	12.8	11.6	11.3	10.6

资料来源：由中国人民银行金融年报数据整理汇总得到。

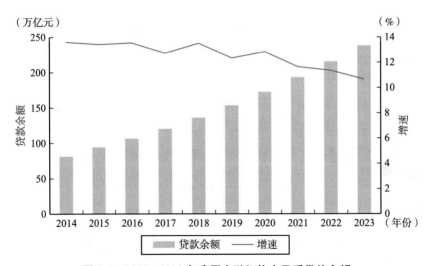

图3.1   2014～2023年我国金融机构人民币贷款余额

资料来源：由中国人民银行金融年报数据整理汇总得到。

我国银行的资金来源主要包括吸收存款、同业拆借、债券发行和资本补充等多种形式。目前银行的主要资金来源仍然是吸收公众存款，2023年存款总额达到284.26万亿元人民币（见表3.2），存款在银行的资金来源中占据重要地位，是资金融通活动的核心基础，近年来随着居民收入水平的提高和银行金融产品的多样化，存款总量呈稳步增长趋势。同业拆借是银行短期流动性管理的重要工具，表3.3数据显示，银行间货币市场的同业拆借成交总额为 143 万亿元，同业拆借的规模反映了银行间市场在流动性调节中的重要性，同时也表明银行体系存在对短期资金的需求。债券融资也是商业银行拓展资金来源的重要途径，2023 年银行间债券市场成交规模超过 300 万亿元人民币，其中资本补充债券的发行量显著增加。

表 3.2　　　　　　　　**2016～2023 年银行资金融通情况**　　　　单位：万亿元

项目	2016 年	2017 年	2018 年	2019 年	2020 年	2021 年	2022 年	2023 年
存款余额	148.18	161.95	175.36	190.93	210.25	229.21	255.83	284.26
M0	6.83	7.06	7.32	7.72	8.43	9.08	10.47	11.34
银行间市场成交额	824.31	798.18	1012.7	1185.0	1339.6	1378.3	1798.2	2124.5

资料来源：由中国人民银行年报数据整理汇总得到。

表 3.3　　　　　　　**2023 年银行间货币市场及债券市场成交情况**　　　　单位：万亿元

项目	质押式回购	买断式回购	同业拆借	债券现券
成交规模	1668.8	5.4	143.0	307.3

资料来源：中国人民银行 2023 年金融市场运行情况数据。

　　银行的资金主要用于满足企业贷款、个人贷款以及政府融资的需求，企业贷款是银行资金融通的核心领域，特别是在基础设施建设、制造业升级和绿色金融领域。表 3.4 数据显示，2023 年工业贷款同比增长 28%，表明银行信贷正在向实体经济的关键领域倾斜；随着居民消费水平的提高，个人贷款（包括住房按揭贷款、消费贷款等）占比逐年上升，截至 2023 年底，住户贷款余额达到 80.1 万亿元人民币，消费金融的快速发展反映了居民信贷需求的旺盛；基础设施建设和民生项目在我国的资金融通中也逐渐占据重要地位，2023 年基础设施贷款规模达 37.57 万亿元人民币，主要用于基础设施建设和民生项目。

表 3.4　　　　　　　　2023 年中国金融机构信贷结构情况

项目	普惠贷款	工业贷款	服务业贷款	住户贷款	基础设施贷款
贷款余额（万亿元）	29.4	21.83	61.84	80.1	37.57
增长率（%）	23.5	28	12.4	5.7	15

资料来源：中国人民银行 2023 年金融机构贷款投向统计报告。

　　尽管我国银行资金融通体系规模庞大且快速发展，但仍面临一些问题：金融脱媒加剧，随着金融市场的多样化发展，部分企业和个人逐渐转向直接融资渠道（如债券和股票市场），对银行的传统业务模式形成了冲击；信用风险积聚，在经济周期波动的背景下，银行体系中的不良贷款率有所上升，截至 2024 年第二季度，我国商业银行的不良贷款余额为 3.3 万亿元人民币，不良贷款率为 1.56%，表明了信用风险管理需要进一步加强；资本充足率压力，随着资金融通规模扩大，对资本充足率的要求也在不断提高。

3.2　银行金融服务体系现状分析

　　银行的金融服务体系不仅依赖于金融产品和服务本身，还包括银行员工、分支机构、营业网点和 ATM 机等物理资源。银行员工不仅承担日常的业务操作，还有客户服务、金融咨询和营销推广等多种职责，随着数字化金融的发展，银行员工的角色逐渐从传统的柜面服务转向多元化的金融服务和客户关系管理，同时数字银行和数字人民币的大规模发展势必会带来人工需求的减少。2016～2023 年六大国有商业银行从业人员数量规模状况如表 3.5 所示。

表 3.5　　　　2016～2023 年我国主要银行从业人员数量　　　　　单位：人

项目	2016 年	2017 年	2018 年	2019 年	2020 年	2021 年	2022 年	2023 年
工商银行	461749	453048	449296	445106	440000	434089	424962	419252

续表

项目	2016 年	2017 年	2018 年	2019 年	2020 年	2021 年	2022 年	2023 年
农业银行	496698	487307	473691	464011	459000	455174	452043	451003
中国银行	308900	311133	310119	309384	309084	306322	306182	306931
建设银行	362482	352621	345971	347156	349671	351252	352588	376871
邮储银行	—	—	—	174406	194527	193946	180038	197146
交通银行	92556	91240	89542	87828	90716	90238	91823	94275

资料来源：由各银行年报数据整理汇总得到。

银行通过在全国各地设置的分支机构和营业网点为客户提供面对面的服务。截至 2023 年，中国银行业金融机构共有超过 22 万个营业网点，详见表 3.6。

表 3.6　　　　　　　　　2016～2023 年我国主要银行网点数量　　　　单位：个

项目	2016 年	2017 年	2018 年	2019 年	2020 年	2021 年	2022 年	2023 年
工商银行	16788	16092	16044	15784	15800	15691	15639	15495
农业银行	23682	23661	23381	23149	22938	22807	22788	22843
中国银行	10651	10674	10726	10652	10487	10328	10312	10299
建设银行	14956	14920	14977	14912	14741	14476	14356	14289
邮储银行	39927	39798	39719	39638	39631	39579	39533	39364
交通银行	3285	3270	3241	3079	3025	2989	2918	2903

资料来源：各银行年报数据。

虽然随着电子银行的发展部分网点逐渐收缩或合并，但在城镇和乡村地区网点仍然是银行服务的重要组成部分；自动取款机（ATM）作为基础金融服务的延伸工具方便客户进行现金提取、转账等业务。根据表 3.7 数据，截至 2023 年，全国 ATM 机的总数量约为 84 万台，然而近年来随着移动支付的普及，部分银行减少了低效的物理网点数量，根据统计，2023 年银行业关闭或合并的网点超过 2600 家。

表 3. 7 　　　　　　　　**2018～2023 年我国 ATM 机数量**　　　　　单位：万台

项目	2018 年	2019 年	2020 年	2021 年	2022 年	2023 年
ATM 机数量	111. 08	109. 77	101. 39	94. 78	89. 59	84. 55

资料来源：由中国人民银行支付体系运行总体情况报告数据整理汇总得到。

3.3　银行信用货币创造体系现状分析

银行信用货币创造体系是指通过商业银行的存款和贷款活动，将原始的基础货币放大为广义货币供应的过程，这一过程受到中央银行的货币政策和商业银行的信贷行为的双重影响。

3.3.1　中央银行通过基础货币提供货币供给

基础货币是中央银行发行的流通于经济体系中的现金和商业银行存放在中央银行的准备金之和，它是整个货币供应体系的基础，也是商业银行进一步创造信用货币的原料，中央银行可以通过调节基础货币的规模，间接影响广义货币供应。

中央银行可以使用多种货币政策工具来调节基础货币的供给和需求，包括：公开市场操作、法定存款准备金政策和再贴现政策。公开市场操作，是指中央银行通过购买或出售政府债券可以直接影响流动性，当央行购买政府债券时向市场注入资金，增加基础货币；反之则减少市场中的基础货币。调整法定存款准备金比率，是指通过改变商业银行的法定准备金率来影响银行可贷资金的规模，降低法定准备金率能够提高商业银行的贷款能力，扩大货币供给，而提高准备金率则限制了银行的贷款能力；贴现率政策，是指中央银行通过调整向商业银行贷款的利率来影响商业银行的资金成本，当贴现率较低时商业银行更倾向于向央行借款，从而增加可用的基础货币。

根据中国人民银行的数据（如图 3.2 所示），截至 2023 年底，广义货币

M2 余额 292.27 万亿元，同比增长 9.7%；狭义货币 M1 余额 68.05 万亿元，同比增长 1.3%；流通中货币 M0 余额 11.34 万亿元。随着全球经济的不确定性增加，我国央行多次调整货币政策以确保经济增长的同时控制通胀。

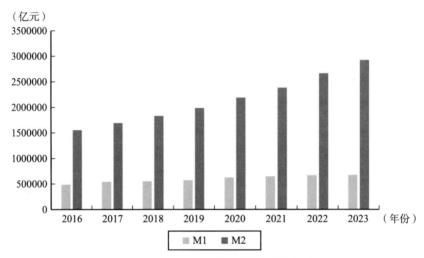

图 3.2　2016 ~ 2023 年中国货币供应量

资料来源：由中国人民银行金融体系运行状况年报汇总整理得到。

尽管央行能够通过调节基础货币来影响广义货币供给，但其传导效果并非总是直接有效。商业银行的放贷意愿和企业的信贷需求在经济下行时期可能下降，导致货币政策的传导不畅，并且随着数字人民币的推广，基础货币的结构和形式也在发生变化，也将对货币政策传导产生新的影响。

3.3.2　商业银行通过信贷关系创造存款货币

我国银行信用货币创造体系已经形成了以商业银行为主体的多层次信用货币创造机制，信贷规模在持续扩大，商业银行的信贷业务覆盖了制造业、房地产、基础设施建设、绿色金融等多个领域。近年来我国的货币乘数有所上升，截至 2023 年末货币乘数达到了 7.2 左右，与过去 10 年的平均水平相比有所提高，上升趋势反映了银行在流动性充裕的情况下，能够更有效地利用基础货币来扩大货币供应。随着金融市场的发展，银行的流动性管理工具更加丰富，除了传统的存贷款业务外，还包括同业拆借、回购协议、票据贴现等方式，这些工具的灵活运用使银行在信用货币创造过程中有更多选择。

尽管信贷的扩张促进了经济发展，但过度的信贷扩张可能会导致金融风险的积聚。近年来，中国的高杠杆行业（如房地产和地方政府融资平台）存在一定的债务风险。如图 3.3 所示，截至 2024 年第二季度末，商业银行的不良贷款率为 1.56%，虽在可控范围内但仍需高度关注潜在的信用风险。此外，随着房地产市场的波动和经济周期性变化，银行的资产负债表可能面临调整压力。

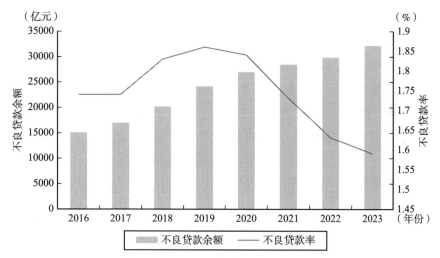

图 3.3 我国银行不良贷款余额与不良贷款率

资料来源：中国人民银行金融体系运行状况年报汇总整理。

我国的信用货币创造体系发展迅速，但仍存在一些问题需要关注：首先是高杠杆问题，在持续的信贷扩张过程中，部分行业的债务水平较高，增加了信用风险的潜在压力。其次是不良贷款压力，尽管近年来不良贷款率保持在较低水平，但随着经济周期波动，部分行业的不良贷款率可能会有所上升，高风险资产仍需要进行严格的管理和控制。最后是货币政策传导机制的效率问题，银行系统能够创造大量信用货币，但是在经济下行压力较大时，货币政策的传导效果受到影响，企业和个人的融资需求可能不如预期活跃。随着数字人民币的逐步推广，银行的信用货币创造体系可能会面临新的调整，数字货币在支付、结算中的应用，将影响传统的存贷款关系和货币创造过程。

3.4　银行间支付体系现状分析

3.4.1　中央银行现代化支付系统

我国的中央银行现代化支付系统（China National Advanced Payment System，CNAPS）是由中国人民银行主导的实时支付系统，具有完成支付体系中金融机构间资金清算的职能，是整个支付体系的基础和核心。CNAPS 分为 CNAPS1 和 CNAPS2 两个阶段，其中 CNAPS1 于 1996 年启动，主要处理银行间的实时全额支付和清算；CNAPS2 于 2013 年正式上线，在提升系统性能、增强清算能力和支持多币种支付等方面作出了重大升级，升级后具备了处理多币种支付的能力，同时也为人民币国际化提供了清算支持，在"一带一路"倡议的背景下，CNAPS 与中国香港、中国澳门等地的支付系统实现了连接，为人民币的跨境支付清算提供了便利。该系统主要包括大额实时支付系统（简称大额支付系统，HVPS）、小额支付系统（BEPS）、网上支付跨行清算系统（IBPS）和同城票据交换系统。

3.4.1.1　大额支付系统

目前中国人民银行的大额支付系统运行状况如表 3.8 和图 3.4 所示。大额支付系统作为 CNAPS 的关键组成部分，专门用来处理金额较大的跨行资金划拨业务，通常适用于单笔金额在 5 万元以上的普通汇兑或 5 万元以下的紧急汇兑。同时，该系统还覆盖了国库资金的调拨、货币市场的资金拆借、证券交易的资金结算、外汇买卖等多种金融业务的清算。此外，中央银行的各类资金操作，包括现金提取、存款缴存、再贷款的结算等也依赖于大额支付系统的高效运行；它还承担同城票据交换净额的清算职能，目前已经成为处理大额资金结算的主要通道。

表 3.8 我国大额支付系统运行情况

项目	2016 年	2017 年	2018 年	2019 年	2020 年	2021 年	2022 年	2023 年
总金额（万亿元）	3616.3	3731.8	4353.4	4950.7	5647.7	6171.4	7425.8	8480.9
日均金额（万亿元）	14.41	14.87	17.28	19.80	22.68	24.69	29.70	33.92
总笔数（亿笔）	8.26	9.32	10.73	10.94	5.12	4.82	4.16	3.82
日均笔数（亿笔）	0.033	0.037	0.042	0.043	0.021	0.019	0.017	0.015

资料来源：《中国人民银行支付体系运行总体情况》。

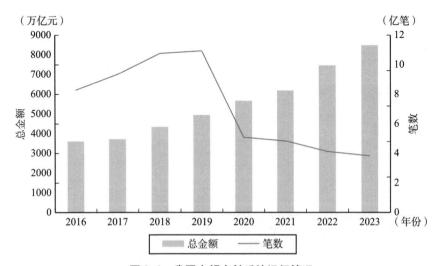

图 3.4 我国大额支付系统运行情况

3.4.1.2　小额支付系统

我国小额支付系统运行情况如表 3.9 和图 3.5 所示。我国的小额支付系统是现代支付基础设施的重要组成部分，于 2006 年 6 月正式投入使用，具备 7×24 小时不间断运行的特点，主要用来处理单笔金额在 5 万元以下的普通贷记和定期扣划业务。与大额支付系统相比，小额支付系统采用了批量处理和定时清算的轧差方式，因而在资金实时性方面不如大额支付系统迅速，但是小额支付系统具有能够支持多种支付类型，涵盖广泛业务需求的显著优势。小额支付系统可以处理普通贷记业务，包括普通汇兑、委托收款、托收承付等；同时，还支持定期贷记业务，如代发工资、代付保险费、养老金发放、定期社保缴纳、信用卡还款等；此外，该系统还负责定期借记业务，例如代收水费、电费、燃气费、电话费等公用事业费用以及国库批量扣税，低廉的划款费用使其成为企业和个人日常支付的重要工具。

表 3.9　　　　　　　　　　我国小额支付系统运行情况

项目	2016 年	2017 年	2018 年	2019 年	2020 年	2021 年	2022 年	2023 年
总金额 （万亿元）	30.91	33.14	35.53	60.58	146.87	162.55	167.72	185.81
日均金额 （万亿元）	0.085	0.091	0.097	0.170	0.400	0.450	0.460	0.509
总笔数 （亿笔）	23.48	25.28	21.83	26.27	34.58	38.81	41.58	46.14
日均笔数 （亿笔）	0.065	0.069	0.059	0.072	0.094	0.110	0.114	0.126

资料来源：《中国人民银行支付体系运行总体情况》。

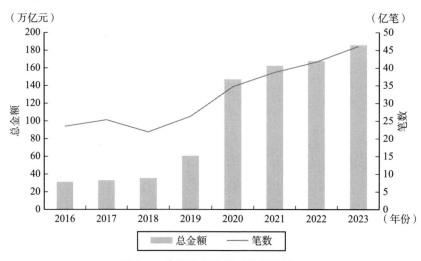

图 3.5 我国小额支付系统运行情况

3.4.1.3 网上支付跨行清算系统

我国网上支付跨行清算系统运行情况如表 3.10 和图 3.6 所示。从表 3.10 可以看出从 2016～2023 年网上支付金额在不断增长，交易笔数有大幅增长。

表 3.10　　　　　　　我国网上支付跨行清算系统运行情况

项目	2016 年	2017 年	2018 年	2019 年	2020 年	2021 年	2022 年	2023 年
总金额 （万亿元）	37.46	61.72	89.05	110.77	103.49	273.76	278.65	300.95
日均金额 （万亿元）	0.103	0.169	0.244	0.303	0.556	0.750	0.763	0.825
总笔数 （亿笔）	44.53	84.64	120.98	140.11	156.24	174.91	165.52	169.8
日均笔数 （亿笔）	0.123	0.232	0.331	0.384	0.427	0.479	0.453	0.465

资料来源：《中国人民银行支付体系运行总体情况》。

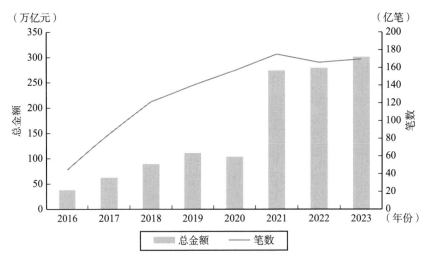

图 3.6　我国网上支付跨行清算系统运行情况

网上支付跨行清算系统（IBPS）也被称为"超级网银"，是支持互联网支付、移动支付等新兴电子支付方式的跨行和同行业务处理的重要清算平台。该系统主要处理规定金额以下的网上支付，采用逐笔传送、实时轧差以及定时清算的方式进行资金划拨，并通过实时应答机制向客户反馈支付操作的最终处理结果，从而大幅提高支付的透明度和效率。该系统不仅为银行间的支付结算提供高效服务，同时也为符合条件的非金融支付机构提供接入渠道，为其业务创新和发展提供公共清算平台支持。通过该系统第三方支付服务提供商可以将其支付业务与银行系统对接，实现多样化的支付场景处理从而更好地支持数字经济的发展。

3.4.1.4　同城票据交换系统

同城票据交换系统由中国人民银行的分支机构负责组织和运行，主要用于处理以支票为核心的支付工具的交换、清分以及净额清算，为各类票据的流转提供高效的清算服务，同时处理同城范围内的贷记支付和定期借记支付业务的清分及轧差工作。为了提高票据交换的覆盖范围，全国县级及以上城市普遍设立了同城票据交换所，并在多个城市建立了同城清算系统，以满足地方票据交换的需求。然而，随着金融科技的迅猛发展和国家支付清算体系的日益完善，这一传统清算系统的局限性逐渐显现。相比于现代化支付系统，同城清算的流程烦琐且效率偏低，难以适应新兴电子支付手段带来的高效需求。受多重因素影响，同城清算系统在支付清算中的作用逐渐减弱，最终于2020 年 12 月被正式撤销，原由同城清算系统处理的业务被全面并入大额实时支付系统和小额批量支付系统，以实现更为高效和现代化的支付清算服务适应市场发展的需要。

3.4.2 银行业金融机构行内支付系统

银行业金融机构行内支付系统是商业银行用来管理内部资金划拨、分支机构之间的账务清算以及客户资金流转的系统。这些系统通常具有高度的定制化，能够适应银行的不同业务需求，确保资金在银行内部的高效流转和管理。各大商业银行已建立起覆盖全国分支机构的内部结算网络，例如工商银行、建设银行、农业银行、中国银行、交通银行等大型国有银行拥有数千家分支机构和无数的营业网点，其内部结算系统可以处理账户之间的即时划拨、跨地区的资金集中管理以及对公支付服务等业务，并且还可以对接中央银行的 CNAPS 实现更广范围的资金清算。随着信息技术的发展，银行的内部结算系统也逐渐引入了区块链技术、大数据分析等来增强资金的透明度、提升支付的效率。

从表 3.11 和图 3.7 可以看出银行业金融机构行内支付系统的总交易金额整体呈现波动上升的趋势，并在 2019 年达到峰值，之后受到如新冠疫情等多种因素的影响出现明显回落，随着经济逐渐恢复，2023 年又几乎恢复到 2018年的水平。交易笔数的变化反映了支付系统的使用频率和活跃度，与总金额的下降趋势一致，在 2020 年受到疫情影响交易笔数明显减少，但自 2021 年起逐年回升。

表 3.11 我国银行业金融机构行内支付系统运行情况

项目	2016 年	2017 年	2018 年	2019 年	2020 年	2021 年	2022 年	2023 年
总金额 （万亿元）	1215.4	1333.6	1332.0	1218.6	1588.3	2055.3	2183.0	2168.8
日均金额 （万亿元）	3.32	3.65	3.65	3.34	4.34	5.63	5.98	5.94
总笔数 （亿笔）	258.3	323.13	366.95	164.69	169.19	184.51	188.60	215.92
日均笔数 （亿笔）	0.706	0.885	1.005	0.451	0.462	0.506	0.517	0.592

资料来源：《中国人民银行支付体系运行总体情况》。

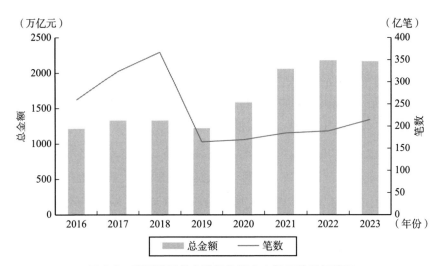

图 3.7 我国银行业金融机构行内支付系统运行情况

资料来源：《中国人民银行支付体系运行总体情况》。

3.4.3 第三方服务组织支付清算系统

第三方服务组织支付清算系统为互联网支付和移动支付提供了统一的清算平台，主要由网联清算和银联清算负责，随着支付宝、微信支付等第三方服务组织支付机构的崛起，第三方服务组织支付清算系统已经成为支付市场的重要组成部分。网联清算成立于 2017 年，主要负责处理第三方支付机构的跨行支付清算，如图 3.8 所示。2024 年上半年网联清算平台累计处理交易超4500 亿笔、金额超 240 万亿元。银联清算是中国银行卡清算的主要机构，负责处理银行间的银行卡支付、境内外刷卡消费等清算业务，其在卡基支付市场占据主导地位。

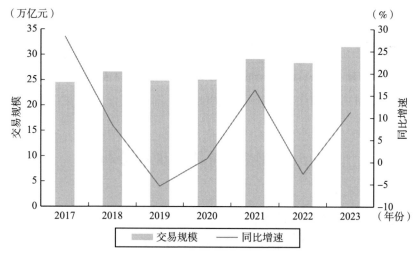

图 3.8　我国第三方移动支付市场交易规模及同比增速

资料来源：《中国人民银行支付体系运行总体情况》。

第三方移动支付市场交易情况如图 3.9 所示。2023 年我国移动支付业务量取得稳健增长，作为我国移动支付业务重要补充力量的第三方移动支付市场全年交易规模为 346.2 万亿元人民币，同比增长 12.0%；第三方互联网支付业务也强劲复苏，2023 年我国第三方互联网支付市场交易规模为 31.6 万亿元人民币，同比增长 11.6%。我国的第三方支付市场已经从快速增长阶段逐渐进入相对稳定的成熟期，尽管市场增速有所波动，但整体的交易规模仍然不断扩大，这反映了支付习惯的转变和金融科技的创新，其快速发展也在为我国数字人民币的推广应用做好铺垫。

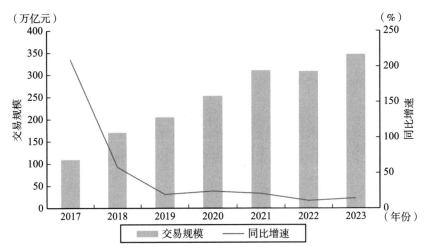

图3.9 我国第三方互联网支付市场交易规模及同比增速

资料来源：《中国人民银行支付体系运行总体情况》。

3.5 跨境支付体系现状分析

根据中国人民银行的数据，如表3.12所示，2023年银行代客人民币跨境收付金额合计为52.3万亿元，同比增长24.1%。环球银行金融电信协会（SWIFT）数据显示，2023年2月以来，人民币在全球支付中占比逐月上升，2023年9月升至3.71%，可见我国人民币跨境支付体系的体量在日渐变大。当前人民币跨境支付体系模式主要包括代理行模式、清算行模式、NRA（非居民账户）账户模式和CIPS（跨境人民币支付系统）模式。这些模式在处理国际交易时各自具有独特的特点和用途。

表3.12 2018～2023年银行代客人民币跨境收付金额

项目	2018年	2019年	2020年	2021年	2022年	2023年
金额（万亿元）	15.9	19.7	28.4	36.6	42.1	52.3
增长率（%）	46.3	24.1	44.2	29.0	15.1	24.1

资料来源：《中国人民银行支付体系运行总体情况》。

3.5.1 代理行模式

代理行模式长久以来作为全球金融体系中跨境支付的主要机制之一，靠银行间建立的代理关系完成跨境支付流动。在这种人民币跨境支付模式中，银行通过与其他国家的银行建立代理关系进行跨境支付，当一个银行收到客户的跨境支付指令时，它会通过这一网络中的一个或多个代理行转移资金，境内代理行再通过境外参加银行的指示，在中国人民银行 CNAPS 系统中完成人民币资金清算，并且在整个清算流程中，资金的转移是通过 SWIFT 系统完成的，可以实现 7×24 小时不间断结算。人民币跨境支付代理行模式如图 3.10 所示。

图 3.10 人民币跨境支付代理行模式示意

代理行模式在提供全球覆盖范围和促进国际贸易流动方面发挥了积极作用，但是通常涉及较高的交易费用和较长的处理时间。每一笔跨境支付可能需要通过多个代理行中转，每个环节都可能产生额外的成本和时间延误；另外，跨境支付的复杂链条增加了操作的风险，包括汇率风险、对手方风险和延迟风险等，并且由于缺乏统一的全球支付标准，代理行模式还可能存在反洗钱和反恐怖融资方面的合规风险和监管挑战。

3.5.2 清算行模式

清算行模式是跨境支付中的核心机制，也是我国开展人民币跨境支付最早的官方模式，它通过集中处理机构（即清算行）来管理、清算和结算跨国支付指令。清算行模式可以通过汇总和抵消同一对手方之间的多笔交易，只对最终净额进行结算，大大提高了资金使用效率并降低了流动性需求，其优势即为能够减少单笔交易所需的双边关系数量，从而降低整体系统的复杂性和成本，通常用于处理大量的支付交易，例如欧元区的 TARGET 系统或美国的 CHIPS 系统。截至目前，全球多个国家和地区已经设立了人民币清算行，包括但不限于中国香港，以及新加坡、伦敦、法兰克福、巴黎、卢森堡、首尔、多伦多等金融中心，这些清算行覆盖了亚洲、欧洲、北美等主要经济体，形成了覆盖全球的人民币清算网络。人民币跨境支付清算行模式如图 3.11 所示。

图 3.11　人民币跨境支付清算行模式示意

3.5.3　NRA 账户模式

在 NRA 账户模式中，中国人民银行及其分支机构为非居民客户提供一种特殊账户，允许他们不用在中国设立常驻机构就可以进行跨境交易。这种模式尤其适用于跨境贸易和投资活动，非居民客户能够直接通过境内系统完成货币流动和结算需求。NRA 账户为跨境支付提供了足够的灵活性和便利性，但同时也面临更为严格的监管要求和反洗钱规定，因此考虑到境外相对宽松的法治环境，境外机构更倾向于将账户开在境外，而非中国境内，所以实际通过 NRA 账户开展的跨境人民币交易量并不大。人民币跨境支付 NRA 账户模式如图 3.12 所示。

图 3.12　人民币跨境支付 NRA 账户模式示意

数字人民币可能会对 NRA 账户模式产生较大的影响。首先，数字人民币能够直接在央行之间进行清算，高效的支付和较低的成本，可能会减少对 NRA 账户的依赖。其次，数字人民币交易的可追踪性和透明度使监管机构能够更有效地执行监管，NRA 账户的监管框架可能会发生变化，影响跨境支付体系的合规成本和程序。另外，在市场参与者当中银行和其他金融机构会更快适应数字人民币带来的变化，从而重新评估提供 NRA 服务的方式。

3.5.4　CIPS 系统模式

CIPS 为参与机构提供统一的服务标准和接口，确保了与全球金融机构的高度兼容性和互操作性，既服务于国内金融机构也允许国际金融机构直接参与，构建了一个全球化的人民币跨境支付网络。清算过程中 CIPS 系统会根据参与银行之间的实际支付指令，进行清算处理，最后通过中国人民银行的账户体系完成资金的实际结算，其与 CNAPS 系统分开结算，大大有利于隔离境内外风险。人民币跨境支付 CIPS 系统模式如图 3.13 所示。

图 3.13　人民币跨境支付 CIPS 系统模式示意

跨境人民币支付系统（CIPS）自 2015 年推出以来，已经成为人民币跨境使用和支持人民币国际化的重要平台，标志着我国建成了独立的跨境清算系统。与其他三种模式相比，CIPS 直接连接参与银行，通过提供标准化的支付消息格式和全球金融机构的接入，提供了更高效更安全的跨境支付方案。根据中国人民银行的数据，截至 2024 年 8 月末，CIPS 系统共有直接参与者 152 家、间接参与者 1412 家，分布在全球 117 个国家和地区，从实际业务发生情况看，CIPS 系统实际业务可覆盖全球 182 个国家和地区的 4400 余家法人银行机构。

另外，从表 3.13 和图 3.14 可以看出 2016～2023 年 CIPS 系统交易总额和交易笔数均呈现出显著的增长趋势，CIPS 的总交易金额从 2016 年的不到 10 万亿元人民币逐步增长到 2023 年的超过 120 万亿元人民币，交易笔数也稳步上升，在 2023 年达到约 650 万笔。数据反映了 CIPS 系统作为跨境人民币支付和结算的核心基础设施，使用规模和业务量不断扩大，逐渐成为推动人民币国际化的重要工具。

表 3.13　　　　　　　　人民币跨境支付系统（CIPS）运行情况

项目	2016 年	2017 年	2018 年	2019 年	2020 年	2021 年	2022 年	2023 年
总金额 （万亿元）	4.36	14.55	26.45	33.93	45.27	79.60	96.70	123.06
日均金额 （万亿元）	0.017	0.058	0.105	0.136	0.182	0.318	0.388	0.483
总笔数 （万笔）	63.61	125.90	144.24	188.43	220.49	334.16	440.04	661.33
日均笔数 （万笔）	0.25	0.51	0.57	0.75	0.89	1.34	1.77	2.59

资料来源：《中国人民银行支付体系运行总体情况》。

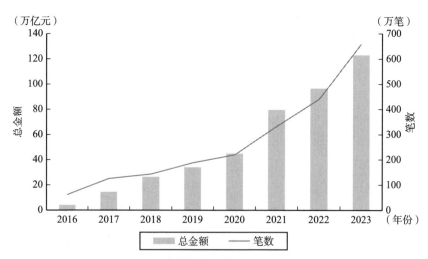

图 3.14　人民币跨境支付系统（CIPS）运行情况

资料来源：《中国人民银行支付体系运行总体情况》。

3.6 本章小结

本章分别分析了我国银行五大体系的发展现状。第一是资金融通体系，规模庞大且迅猛、快速发展，但面临比如金融脱媒、信用风险和资本充足率压力等问题；第二是金融服务体系，数字化金融的发展带来的银行员工角色转变、机构网点撤并和人工需求减少等；第三是银行信用货币创造体系，信贷规模的持续扩大反映了信用货币创造体系的迅速发展，但仍然需要关注高杠杆、不良贷款和政策传导效率等问题；第四是银行间支付体系，对支付体系的几个主要组成部分中央银行现代化支付系统（含大额支付系统、小额支付系统、网上支付跨行清算系统和同城票据交换系统）、银行业金融机构行内支付系统和第三方服务组织支付清算系统等作分析；第五是跨境支付体系，分别介绍了我国主要的跨境支付模式代理行、清算行、NRA 账户模式以及重点分析了 CIPS 系统的发展情况。本章现状分析为后文分析引入数字人民币对这五大体系的重塑效应做铺垫，建立理论基础。

第 4 章

央行数字货币重构银行
五大体系的影响分析

我国数字人民币是法定货币的数字形式，与纸钞和硬币等价，定位于现金类支付凭证（M0）并将与实物人民币长期并存，故而数字人民币对我国银行体系的影响依照前文分别从资金融通体系、金融服务体系、信用货币创造体系、银行间支付体系和跨境支付体系五大体系来分析。

4.1　重构银行资金融通体系：替代与加速

4.1.1　重构银行资金融通体系的定性分析

银行作为经济系统中资金融通的枢纽，一方面，吸收社会公众的存款，提供安全、便捷的资金保管和增值渠道。另一方面，通过严格的信用评估和风险控制，将汇集起来的资金贷放给有资金需求的企业和个人，促进社会资源的有效配置，并且在频繁而复杂的交易活动中，银行使得服务与使用资金能够快速、安全地流转。无论是个人之间的转账汇款，还是企业之间的大额交易，银行的支付系统都能高效地完成资金的转移，提高经济运行的效率。

因此央行数字货币对于资金融通体系的影响主要集中在三个方面。

首先，央行数字货币与纸钞硬币等价，其对现金的替代从中央银行的现钞发行环节就会开始，央行数字货币会通过影响发行库与业务库之间的现金投放与回笼导致流通中的现金减少。另外，央行数字货币具有支付的普适性和泛在性，中央银行及商业银行的库存现金都会逐渐被替代。我国央行数字货币既继承了现钞支付即时、方便、快捷等优势，又规避了无法远程快速结算、大额支付不方便等实物现金所具有的缺陷，因此央行数字货币势必逐渐对流通中的实物现钞完成替代。完成货币替代后被重塑的资金融通体系相对来说拥有了新的优势：第一，实物货币束缚于其物理形态，流通中间环节多且复杂，不仅需要消耗大量人力、物力，也容易产生"影子经济"，央行数字货币创造的"无现金社会"大大降低了发行流程中的成本，故而有利于中央银行进一步优化、简化发行流程并处理其中存在的问题；第二，减少甚至使部分依赖于实物现钞的犯罪活动消失，随着现金从流通领域中逐渐退场，如伪造假钞、走私、贩卖违法制品、行贿受贿等大多使用现钞完成交易流程的犯罪活动都将受到极大限制并且会逐步减少；第三，强化金融监管力度，提高监管效率，央行数字货币交易具有高透明度和可追踪性，有助于监管机构更高效地识别洗钱等金融犯罪，政府机构也能够提升廉政管控能力。

其次，央行数字货币也会加速纸质票据的退场。央行推动的基于区块链的数字票据交易平台已测试成功，基于区块链的票据登记流转、基于数字货币的票款对付（DVP）结算功能已经全部实现。票据业务不再是传统意义上的票据交换业务，企业对银行的贴现票据、企业间签发的票据以及各种类型的支票、承兑汇票不仅会实现无纸化，而且会作为供应链金融的一种重要金融工具，能够为我国实体经济尤其是中小企业提供更快捷的融资渠道和更低成本的流动资金。而完成票据替代后的资金融通体系能够进一步解决原票据市场的很多业务难题：第一，由于银行天然缺乏对贸易背景的实际掌控，因而风控的穿透存在缺陷，全新的电子交易系统极高的信息透明度则有利于解决风控问题；第二，目前票据市场上出现的票据掮客以及不透明、不规范操作和高杠杆错配等乱象，都是存在且亟待解决的问题，而拥有智能合约、时间戳、去信任、非对称加密等技术特征的央行数字货币，将会更完美地切中违规操作等痛点；第三，由于承兑汇票的业务逻辑缺陷，银行想要清楚地了解企业端实际供应链的健康情况很难，供应链上的中小企业较难得到同样的金融服务。另外，数字票据的设计思路相对更强调平权与"去中介"，在未来银行或将成为资金的"流道"，而非"蓄水池"。

最后，相比于企业，目前现金更多应用场景是线下的小额消费及储蓄，因此央行数字货币所造成的影响会更大部分作用于居民储蓄存款，而非对公存款。我国央行数字货币由中央银行的业务库发行至商业银行的金库，商业银行向公众提供存取等服务，并负责与中央银行一起维护发行和流通体系的正常运行，在此情况下，银行存款的流失情况虽比采取一元信用发行机制乐观许多，但央行数字货币高效便捷、无须开立银行账户等特点还是会吸引部分银行存款流向数字货币钱包，届时可能会加速商业银行脱媒现象发生。

4.1.2　重构银行资金融通体系的定量分析

从短期影响的角度看，首先定义流通中的货币总量（$M0$）包括现金（C）和央行数字货币（$DCEP$），Δ 表示变化量。根据上文分析央行数字货币大规模发行后会冲击 $M0$，由于央行数字货币会替代现金，所以可以假设在短期内，现金的减少量等于央行数字货币的增加量，即式（4.1）：

$$\Delta M = \Delta C + \Delta DCEP = 0 \qquad (4.1)$$

这意味着当央行数字货币完全替代现金时，市场流通中的货币总量（$M0$）保持不变，但货币的形态发生了变化。因此可以得到结论：短期内，央行数字货币主要冲击的是 $M0$，即市场流通中的货币形态发生变化，但总量保持不变。

从中长期影响的角度看，首先定义狭义货币（$M1$），包括 $M0$（现金 + 央行数字货币）和银行活期存款（D）；其次定义广义货币（$M2$），包括 $M1$ 加上定期存款、储蓄存款和其他存款。

得到 $M1$ 的公式为

$$M1 = M0 + D = C + DCEP + D \qquad (4.2)$$

当央行数字货币与现金形成完全替代关系时，$M0 = DCEP$，此时

$$\Delta M1 = \Delta C + \Delta DCEP + \Delta D \qquad (4.3)$$

假设银行活期存款和央行数字货币可以实现等额兑换，即

$$\Delta DCEP + \Delta D = 0 \qquad (4.4)$$

则

$$\Delta M1 = \Delta C \qquad (4.5)$$

然而，在实际情况下，中长期内随着央行数字货币的普及和公众对其接受度的提高，银行活期存款可能会受到一定影响。例如，公众可能会将部分活期存款转换为央行数字货币以获取更高的流动性和便利性，或者将央行数字货币转换为其他高收益的投资产品，都将导致 $M1$ 和 $M2$ 的变化。如果公众更倾向于持有央行数字货币而非现金或活期存款，那么 $M1$ 会下降，而 $M2$（包括定期存款和其他存款）可能上升，因为部分资金可能会从活期存款转移到定期存款或其他投资中；如果央行数字货币的推出促进了金融创新和金融服务的改善，则可能会吸引更多的资金流入银行体系，从而增加 $M1$ 和 $M2$。

因此可以得到结论：中长期内，央行数字货币可能对 $M1$ 和 $M2$ 产生复杂的影响，其影响趋势和影响程度取决于公众对央行数字货币的接受度、金融市场的创新程度以及货币政策的有效性等因素。

综上所述，央行数字货币在短期内主要冲击 $M0$，即市场流通中的货币形态；而在中长期内，可能对 $M1$ 和 $M2$ 产生更复杂的影响。

4.2　重构银行金融服务体系：精简与创新

央行数字货币非实物形态，通过数字货币钱包即可实现线上转移与交

易，其会加速"无现金社会"的到来，因此势必会带来银行物理网点的大批撤并，相关的体系及柜台人员也将面临转岗或裁员的风险，而人们对实体现金的需求越来越低，导致的自动存取款和 ATM 机数量大幅减少在如今已经可见端倪。取而代之的是人工智能、金融科技等新业务、新服务的产生，银行系统为应对无现金化发展趋势会逐步从线下业务更多转到线上电子业务，如周永林（2017）在第十届互联网金融年会上发表的演讲中提到，央行数字货币可能会创新更多的新金融服务。虽然物理网点的功能性被弱化，有些针对原有货币体系的金融服务日渐式微，但同时央行数字货币也会催生一些新的金融服务，如央行数字货币钱包托管、代理发行等，因此商业银行更需要转变角色，从流通渠道、产品设计和智能服务等方面入手，运用系统性思维和创新性技术，做好央行数字货币专营机构应做之事。进入金融科技的数字化驱动时代，伴随着金融科技电子化、智能化业务推出，金融机构和商业银行摆脱对网点的依赖，而越来越完善的线上服务体系的建立也势必会提高整体金融服务体系的运营效率，满足更广大人民群众的需要。

4.3　重构银行间支付体系：效率与精准

4.3.1　重构银行间支付体系的定性分析

银行间支付是指银行为自身或客户进行资金转移结算办理，央行数字货币对于银行体系的重塑效果，不仅体现在对于实物货币的替代与货币意义的补充，更体现在对衍生支付工具的变革。第一是对大额支付系统的优化，大额支付系统是我国支付体系中最重要的一部分，为了应对跨时区结算不及时的问题，目前大多数国家都选择延长系统开放时间，但即便如此依然需要每日留出时间完成对账，而依托于 DLT 技术的央行数字货币可以实现缺席转账，实现 7×24 小时的连续清算。第二是信用卡会受到影响而大幅减少开卡及使用数量，因为央行数字货币的数字钱包可以代替信用卡直接办理贷款业务，而这种变革会带来的一定的好处，如有利于遏制信用卡恶意透支、"拆东墙补西墙"式垫付还款的不良借贷行为，进一步防范金融风险的发生；另外，商业银行相应的信用卡业务部门可能被撤并也会倒逼商业银行进行自身的架构优化。第三是汇兑业务的逐步消失，央行数字货币支持不同数字钱包间的划转调拨，因而中间业务的结算款项无须再通过汇兑进行清算，这也会进一步导致商业银行的会计系统和信贷系统发生变化，中间业务中的银行卡业务、汇兑承兑以及支票结算业务等都会逐渐减少。第四是目前已有的第三方线上支付将受到一定程度的冲击，央行数字货币可以做到无须开立银行账户，各钱包之间独立于银行账户直接进行转账、离线支付等，且其具有的法律效力使之不可被拒付，这些功能和作用是微信支付、支付宝等第三方支付所不具有的优势，同时会对它们产生一定的冲击，但这些已被大众广泛接受的第三方支付并不会快速消失，而是会被纳入银行支付系统重新进行优化定位。

4.3.2　重构银行间支付体系的定量分析

本节通过定量分析评估央行数字货币对银行间支付体系的影响。本研究收集四大国有银行（工商银行、农业银行、中国银行、建设银行）2023 年12 月的支付数据，数据涵盖大额实时支付系统（HVPS）、小额批量支付系统（BEPS）和网上支付跨行清算系统（IBPS）三个支付系统，进行深入的对比分析。

数据时间的划分将每月月初和月末三天（即 12 月 1~3 日、12 月 29~31日）定义为忙碌期，月中其他时间（即 12 月 4~28 日）定义为悠闲期。

定义两个关键指标，延迟指数和平均每笔支付结算时间。延迟指数（D）通常用于衡量支付指令从发起至确认的时间延迟程度，其一般形式可以表示为式（4.6）：

$$D = \frac{\sum\limits_{k} (t_k - t'_k) M_k}{\sum\limits_{k} (t - t'_k) M_k} \qquad (4.6)$$

其中，t_k 为第 k 笔支付的结算完成时间，t'_k 为第 k 笔支付的结算开始时间，M_k 为支付金额，t 为日终时间，即所有支付都结束的时间。延迟指数的取值范围为 $[0, 1]$，延迟指数越小，表示支付指令的处理速度越快，支付系统的效率越高；反之，延迟指数越大，则表示支付指令的处理速度越慢，支付系统的效率越低。延迟指数是衡量支付系统性能的重要指标之一，对于评估支付系统的稳定性和可靠性具有重要意义。

平均每笔支付结算时间是指每笔支付从发起至结算的平均时间，其公式可以表示为式（4.7）：

$$T = \frac{\sum\limits_{k} (t_k - t'_k)}{k} \qquad (4.7)$$

其中，t_k 为第 k 笔支付的结算完成时间，t'_k 为第 k 笔支付的结算开始时间，k 是支付笔数。平均每笔支付结算时间是衡量支付系统处理速度的重要指标之一，它反映了支付系统在处理大量支付指令时的平均效率。平均每笔支付结算时间越短，表示支付系统的处理速度越快，用户的支付体验越好。反之，平均每笔支付结算时间越长，则表示支付系统的处理速度越慢，可能需要进一步优化和改进。

根据从四大国有银行（工商银行、农业银行、中国银行、建设银行）年报及《中国金融统计年鉴》收集的数据，对以上两个指标进行计算测度，计算结果如表 4.1 所示，从表中结果可以看出 HVPS 和 IBPS 的支付效率相对较高，而 BEPS 的支付效率相对较低。在忙碌时期，各系统的延迟指数和平均每笔支付结算时间均有所增加，但 IBPS 受忙碌时期影响最小，表现出较强的处理能力。基于 DCEP 的实时清算特性，本研究预测其引入后将显著降低各系统的延迟指数和平均每笔支付结算时间，由于 DCEP 能够实现资金的实时转移和结算，因此可以预期支付体系的运行效率将得到显著提升。

表 4.1 四大国有银行 2023 年 12 月支付效率测度

项目		延迟指数			平均每笔支付结算时长（秒）		
		最小值	最大值	平均值	最小值	最大值	平均值
HVPS	悠闲时期	0.000	0.001	0.000	9.30	15.80	12.80
	忙碌时期	0.015	0.028	0.020	16.50	34.20	21.60
BEPS	悠闲时期	0.182	0.435	0.311	936.10	1542.30	1089.50
	忙碌时期	0.271	0.484	0.320	971.40	1551.90	1162.00
IBPS	悠闲时期	0.000	0.002	0.001	9.20	9.90	9.60
	忙碌时期	0.000	0.007	0.003	9.20	10.70	9.80

资料来源：各银行年报及中国人民银行支付系统年报。

4.4 重构银行信用货币创造体系：调控与加强

对于信用货币创造体系的冲击主要体现在核心主导地位在商业银行与中央银行之间的转移。在二元银行体系的信用货币创造体系中存款货币是最为重要的一部分，创造机制根据逻辑不同来区分，学界认为主要是"存款创造贷款"（DCL）和"贷款创造存款"（LCD），其核心差异在于商业银行贷款业务的自主性（张成思等，2021），无论是哪种创造机制，在这之中信用货币的创造主体都是商业银行，中央银行相对处在非核心地位，央行通过法定准备金率对信贷规模进行间接调控，这也使得商业银行在货币体系中的重要地位凸显。

我国法定数字货币采用二元信用发行机制，即"中央银行－商业银行"货币发行机制。银行存款是基于商业银行信用的货币，而央行数字货币则基于中央银行的信用，当央行数字货币全线发行大量取代现金并挤出部分在商业银行的存款后，我国的信用结构整体会发生较大的变化：目前商业银行进行存款货币创造的原始存款包括其自身吸收的存款，以及来自中央银行的再贷款，当原始存款减少后，通过比较原始存款与派生存款系数之间的相对变化速率来判断派生存款的上升或下降。

派生存款系数由法定准备金率、现金漏损率及超额准备金率决定，央行数字货币发行会通过影响后两者而影响整体派生存款系数，派生存款系数的计算公式如式（4.8）所示：

$$K = \frac{1}{r_c + r_d + r_e} \tag{4.8}$$

其中，K 代表派生存款系数，r_c 为现金漏损率，r_d 为法定准备金率，r_e 为超额准备金率。首先，现金漏损率 r_c 通常受社会大众对现金的使用偏好及使用率影响，如前文所述，随着央行数字货币全面推广，预计会有相当一部分储蓄存款及对公活期存款从传统银行体系流向数字货币钱包，数字货币的高效性和便捷性减少了公众持有和使用实体现金的需求，这将直接导致现金漏损率大幅下降；其次，商业银行减少库存现金的持有，不仅降低了运营成本，还导致了超额准备金率 r_e 的下降，这也意味着商业银行用于满足法定准备金要求之外的闲置资金减少，从而释放了更多资金用于贷款和其他金融活动，使派生存款系数 K 成倍增加。

在这样的情况下，派生存款系数的倍数增长会大大提高信用货币创造规模，并且信用货币创造和货币规模调控的主体地位会从商业银行转移至中央银行，而央行数字货币"中心化"的运营模式也意味着中央银行可以更加高效便捷地测算派生存款系数、货币乘数等一系列宏观经济指标，使得央行宏观调控能力大大加强。

4.5 重构跨境支付体系：开放与话语权

4.5.1 重构跨境支付体系的理论分析

对于全球支付体系来讲，我国央行数字货币有望在将来成为世界货币，改善全球跨境支付体系，进一步增强人民币在国际上的地位、拿到更多话语权，促进人民币国际化进程。

据世界贸易组织（WTO）的数据，2021 年全球货物贸易额达到了约 19 万亿美元，而服务贸易额也达到了约 6.5 万亿美元。这一庞大的交易量要求支付体系必须具备高效处理跨境支付的能力，以满足全球经济活动的需求。我国央行数字货币旨在提高支付系统的效率、增强支付系统的安全性，并促进金融包容性，其设计充分考虑了货币政策的执行、金融稳定的维护以及对现行支付生态的最小干扰，并有望通过提供一个高效、安全的数字货币解决方案，降低交易成本、提高跨境支付的速度和透明度，进一步重塑全球跨境支付体系。除去几种传统的跨境支付模式，跨境人民币支付系统（CIPS）自 2015 年推出以来，已经成为人民币跨境使用和支持人民币国际化的重要平台，它直接连接参与银行，通过提供标准化的支付消息格式和全球金融机构的接入提供了更高效更安全的跨境支付方案。而央行数字货币与 CIPS 系统的整合将为全球跨境支付体系带来进一步的革新，央行数字货币的核心优势在于提高支付效率、降低交易成本以及增强支付透明度，这些特性与 CIPS 系统的目标高度契合。央行数字货币的引入不仅可能减少目前对传统跨境支付模式的依赖，还将促使 CIPS 系统在效率、成本和监管合规性方面进一步优化，提高人民币在全球范围内的使用和接受度。未来，央行数字货币将助力继续优化改善跨境支付系统，拓宽我国央行数字货币在跨境支付中的场景适用性。

4.5.2　重构跨境支付体系的效率分析

为了测度跨境体系被重塑的效率，本研究选取范围均为 2012 年 1 月至 2023 年 9 月，共计 141 个月的月度数据进行 VAR 模型分析。

被解释变量选取跨境人民币结算额（CBS）来衡量人民币跨境支付的发展程度，以被解释变量的一阶滞后项（CBS_{t-1}）衡量人民币的网络外部性。解释变量选取从四个方面进行指标选取：选取金融相关比率（FIR）代表金融市场的发展程度，即一定时期内金融活动总量（有价证券和 M2）与经济活动总量（GDP）的比值；选取 M1 衡量对货币体系的影响；选取人民币兑美元汇率波动率（Rate）表示货币的对外波动；由于 CIPS 二期系统在 2018 年 3 月上线，故将 2018 年 4 月的时间节点作为虚拟变量（CIPS）来衡量数字货币技术优化。另外，引入进口贸易额（Import）、出口贸易额（Export）和居民消费指数（CPI）作为控制变量。

将数据对数化处理后进行 ADF 检验，结果显示除变量 lnM1 外其他序列数据均平稳，故对其进行一阶差分，由于 VAR 模型中的变量必须平稳，但考虑到金融时间序列多为高频数据，为避免差分后损失大量信息丢失原本的经济学含义，随后对非平稳时间序列进行协整检验，结果表明各变量间存在长期均衡关系，能够对变量构建回归模型。

在模型建立时依次进行滞后期检验，检验结果如表 4.2 所示，滞后阶数选为 2 阶，并对各阶系数的联合显著性进行检验，通过检验得到结论模型通过了联合显著性检验，所以建立 VAR（2）模型并对模型稳定性进行检验，结果显示所有特征根均在单位圆内，即模型具有较好的稳定性。

表 4.2　　　　　　　　　　　　　滞后期检验结果

Lag	LL	LR	p	FPE	AIC	HQIC	SBIC
0	658.304	—	—	9.7e-15	-9.56329	-9.49367	-9.39196
1	1413.27	1509.9	0.000	3.8e-19	-19.7245	-19.0979	-18.1825
2	1594.61	362.69	0.000	6.7e-20	-21.4501	-20.2665*	-18.5375*
3	1690.85	192.49	0.000	4.3e-20*	-21.9243*	-20.1837	-17.6410
4	1751.51	121.32*	0.000	4.7e-20	-21.8752	-19.5775	-16.2212

注：*表示在相应准则下的最优选择阶数。

然后进行脉冲响应分析，将被解释变量 CBS 作为响应变量，探究对其他变量施加一个标准差冲击后对于跨境支付的影响，影响期为 20 期。结果如图 4.1~图 4.8 所示。

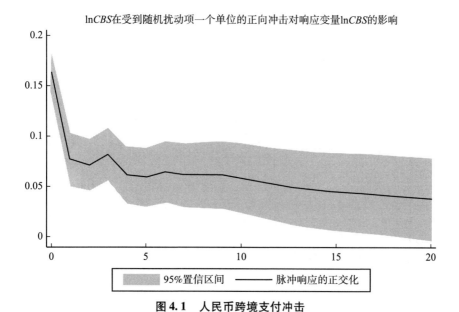

图 4.1   人民币跨境支付冲击

注：图中元素由脉冲响应名称、脉冲变量、响应变量组成。

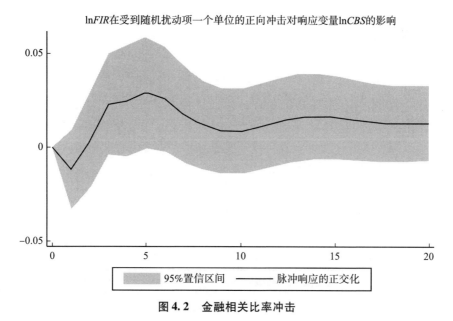

图 4.2   金融相关比率冲击

注：图中元素由脉冲响应名称、脉冲变量、响应变量组成。

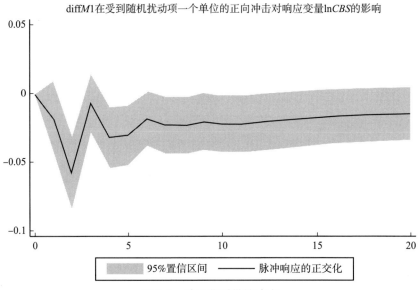

图4.3 狭义货币供给冲击

注：图中元素由脉冲响应名称、脉冲变量、响应变量组成。

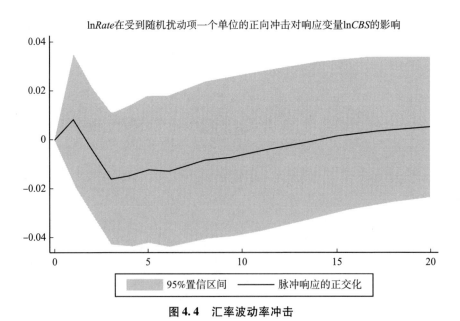

图4.4 汇率波动率冲击

注：图中元素由脉冲响应名称、脉冲变量、响应变量组成。

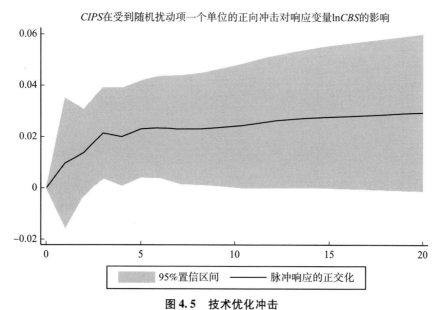

图 4.5　技术优化冲击

注：图中元素由脉冲响应名称、脉冲变量、响应变量组成。

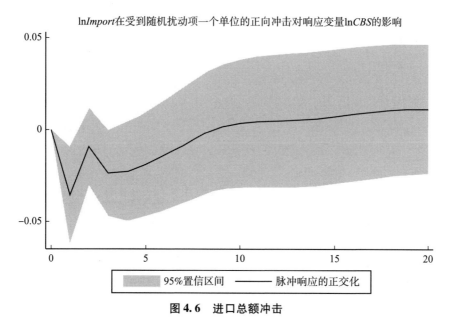

图 4.6　进口总额冲击

注：图中元素由脉冲响应名称、脉冲变量、响应变量组成。

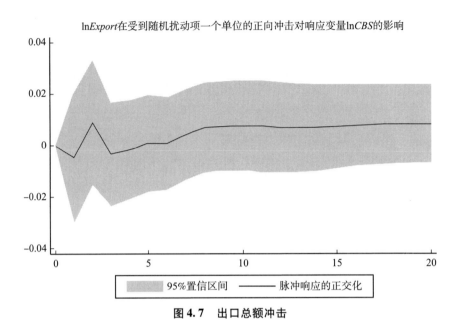

图 4.7　出口总额冲击

注：图中元素由脉冲响应名称、脉冲变量、响应变量组成。

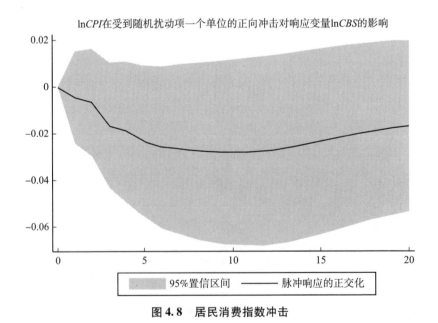

图 4.8　居民消费指数冲击

注：图中元素由脉冲响应名称、脉冲变量、响应变量组成。

从图 4.1 可看出，人民币跨境支付规模扩大之后，对自身的影响始终为正向响应，且在第 5 期内较大，在第 10 期之后逐渐收敛向 0 趋近，总体来说正向影响较大且持久性强。数字人民币发行所带来的货币的网络外部性效应会有效促进人民币跨境支付规模的大幅增长。从图 4.2 可以看出，金融相关比率上升所产生的影响由负效应在第 5 期内转为正效应，并在第 5 期后逐渐平缓，说明数字人民币所带来的金融市场的发展会首先对人民币跨境支付产生轻微的抑制作用，并很快转为正向的促进作用。从图 4.3 可以看出，狭义货币供给上升所产生的影响在第 5 期内影响方向变化较大，但在第 5 期后逐渐平缓并趋向于 0，数字人民币发行带来的狭义货币供给收缩在短期内对人民币跨境支付的影响不确定性较大，长期来看有较小的抑制作用。从图 4.4 可以看出，汇率波动率提高所产生的影响在第 5 期内有较为明显的负向作用，但在第 5 期后负向作用减少并趋向于 0，汇率波动率的上升会使人民币作为交易货币的稳定性下降，支付时的被选择性降低从而对人民币跨境支付有负向影响。从图 4.5 可以看出，跨境支付技术优化所产生的影响呈现稳定的正向上升趋势，并在第 5 期后增速放缓，跨境支付体系的建设可以持续稳定地促进人民币跨境支付的发展。如图 4.6 和图 4.7 所示，控制变量的变化表明进出口额增加对人民币跨境支付的影响均在短期内不确定性较大，且进口额第 5 期内负向作用较为明显，长期来看两者的影响均趋于 0，该实证结果可以理解为进出口额的增加会在货币惯性的情况下，仍使用历史货币进行交易，故而不利于人民币跨境支付规模的扩大。在图 4.8 中，居民消费价格指数上升的影响呈现较为缓慢但不断扩大的负向影响，即物价水平上升会阻碍人民币跨境支付的进一步发展。

方差分解可以通过方差大小分析每一个结构冲击对变量的贡献程度从而评估其重要性，从图 4.9 可以看出，对方差变动解释能力最强的是人民币跨境支付自身，也就说明货币的网络外部性所带来的影响最显著；其次是跨境支付清算体系 CIPS 建立的技术优化以及金融相关比率的贡献率相对较大，说明金融市场的发展和人民币跨境支付系统 CIPS 在央行数字货币发行后对于跨境支付的发展能够起到重要的推动作用；汇率波动率、狭义货币供给等变量的贡献度相对较低。

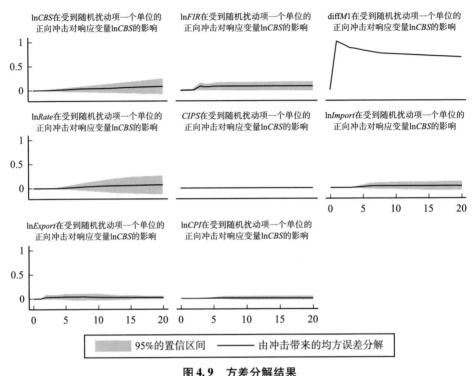

图4.9 方差分解结果

注：图中元素由脉冲响应名称、脉冲变量、响应变量组成。

4.6　本章小结

本章分析了我国数字人民币的引入和落地会对银行五大体系造成的具体影响和影响路径。首先，对于资金融通体系来说，数字人民币会分别通过替代流通中的纸币、硬币以及纸质票据产生积极的影响，包括减少金融犯罪、优化发行流程等，并对银行的储蓄存款造成一定程度的冲击引发脱媒；其次，分析了对金融服务体系的影响，包括线下物理网点及柜台的撤并、倒逼银行进行体制结构优化、发展产生新业务等；再次，分析了对银行间支付体系的影响，主要是商业银行的中间业务逐渐消失，支付系统得到进一步升级，商业银行和第三方支付重新进行定位等；然后，分析了对信用货币创造体系的影响，主导权从商业银行转移到中央银行，中央银行的宏观调控能力得到增强；最后，分析了对跨境支付系统的影响，更广泛更开放拥有更多的话语权是必然之势。

第 5 章

央行数字货币重塑银行信用货币
创造体系的实证分析

　　第 4 章我们全面、整体地定性和定量分析了，央行数字货币（Digital Currency Electronic Payment，DCEP）一旦出台，将会重塑现有银行五大体系，是从整体上集中、统一地对 DCEP 重塑五大体系的影响效应进行分析的。本章将会建立模型，集中测算 DCEP 对重塑五大银行体系的影响效应。但是在现有银行五大体系中资金融通体系、金融服务体系、国内支付体系、信用货币创造体系（又称信用货币体系）、全球跨境支付体系中，对资金融通体系、金融服务体系、国内支付体系的影响效应无非是成本降低、效率提升、资金周转效率加快，而当 DCEP 出台后，对银行信用货币创造体系和全球支付体系的重塑将是颠覆性的，或者说是对原有信用货币体系和全球支付体系的影响是全面碾压性的，也就是说 DCEP 对重塑银行信用货币体系造成的影响和带来的冲击是最大的、影响范围也是最广泛的。故而本章单独并且重点研究 DCEP 对于银行信用货币创造体系定量的影响效应。

　　基于前面章节的分析，基础货币 B 具有一定的外生性，央行可以通过实施各项政策来直接影响基础货币 B 的规模。当基础货币 B 保持不变时，DCEP 对货币乘数 m 和货币供应量 M 的影响方向一致，因此本章通过建立长期协整方程以及构建短期向量误差修正模型等来探究 DCEP 的使用对货币乘数 m 的长短期影响，进而探究 DCEP 对银行信用货币创造体系的影响效应。

5.1　模型设定

根据前文理论分析可得，DCEP 主要通过影响现金漏损率 r_c、超额存款准备金率 r_e 和定活比 t 来影响货币乘数 m。货币乘数 m 包括狭义货币乘数 m_1 和广义货币乘数 m_2。本节构建以下两个模型，分别分析 DCEP 的使用对狭义货币乘数 m_1 和广义货币乘数 m_2 产生的影响。

$$m_1 = C_1 + \beta_1 F + \beta_2 r_c + \beta_3 r_e + \beta_4 t + \delta_1 \tag{5.1}$$

$$m_2 = C_2 + \gamma_1 F + \gamma_2 r_c + \gamma_3 r_e + \gamma_4 t + \delta_2 \tag{5.2}$$

其中，m_1 指狭义货币乘数，m_2 为广义货币乘数；F 代表 DCEP 的转化指数；r_c 指现金漏损率；r_e 代表超额存款准备金率；t 为定活比。C_1 和 C_2 为常数项，β_1 到 β_4，以及 γ_1 到 γ_4 均为待估参数，δ_1 与 δ_2 为残差项。

5.2　变量设定

（1）核心被解释变量：狭义货币乘数 m_1 和广义货币乘数 m_2。在两个模型中，仅核心被解释变量不同，核心解释变量和控制变量均相同。

（2）核心解释变量：DCEP 的转换指数 F，用来合理反映 DCEP 发行后对现金通货 C 与活期存款 D 形成的潜在替代效应。DCEP 的转换指数 F 越高，说明活期存款 D 和现金通货向 DCEP 的转换程度越高。

本研究参考相关学者韦念好等（2021）和崔婕等（2024）的构造思路，首先引入 DCEP 转换占比稳态值 α，然后利用 DCEP 规模 em 与 DCEP 转换占比稳态值 α 的乘积与基础货币 B 相比，从而建立 DCEP 的转换指数 F，具体公式为

$$F = \frac{\alpha \times em}{B} \tag{5.3}$$

DCEP 转换占比稳态值 α 为当期居民储蓄活期存款和持有现金额占居民

人均可支配收入 Y_d 的比值，即

$$\alpha = \frac{C}{Y_d} \tag{5.4}$$

其中，C 代表当期居民储蓄活期存款和持有现金额。根据活期存款 D 和流通中的现金 M_0 之和，再与人口数 R 作比而计算得来。

$$C = \frac{M_0 + D}{R} \tag{5.5}$$

其中，em 表示 DCEP 规模，由于我国 DCEP 尚未正式流通，无法获得 DCEP 流通的实际数据。参考诸多相关学者对 DCEP 替代指标的选取办法，本书选取移动支付规模来替代衡量 DCEP 的使用规模，记为 em。这是由于移动支付与 DCEP 均为我国在互联网环境下流通的法定货币，且 DCEP 与移动支付均以手机等移动终端作为支付工具，以大数据和云计算等为技术基础，多使用于日常高频消费场景。

（3）控制变量：由上文分析可知现金漏损率 r_c、超额存款准备金率 r_e 以及定活比 t 均为货币乘数 m 的影响因素，因此本书共选取了三个控制变量：①现金漏损率 r_c，可反映公众对持有现金通货的需求程度；②超额存款准备金率 r_e，可反映商业银行头寸的松紧程度；③定活比 t，能够体现公众对持有定期存款 T 和活期存款 D 规模的比例情况。

本节实证分析过程中所使用的变量定义和其描述性统计分析见表5.1。

表5.1　　　　　　　　货币乘数 m 模型的变量定义和描述性统计

名称	符号	均值	最大值	最小值	标准差
狭义货币乘数	m_1	1.6305	2.0414	1.0944	0.2966
广义货币乘数	m_2	5.8110	8.1942	3.9047	1.2624
DCEP 转换指数	F	11.0683	23.0844	0.1138	7.1999
现金漏损率	r_c	0.1814	0.3208	0.1466	0.0306
超额存款准备金率	r_e	0.0186	0.0270	0.0120	0.0036
定活比	t	3.0182	3.8528	2.4230	0.3244

资料来源：中国人民银行、国家统计局。

5.3 数据说明

5.3.1 数据选取时间段

为保证实证数据的可得性与准确性，在时间范围上，本书选取的数据时间段为 2013 年 1 月至 2023 年 6 月，共计 126 组月度数据。

5.3.2 数据来源

超额存款准备金率 r_e 的数据来源于中国人民银行每季度发布的《货币政策执行报告》。

狭义货币乘数 m_1、广义货币乘数 m_2、现金漏损率 r_c、定活比 t 以及 DCEP 转换指数 F 均为比值类数据，其中涉及的所有数据的来源情况如下：

狭义货币供应量 M1、广义货币供应量 M2 和流通中的现金 M0 的数据均来源于中国人民银行每年度公布的统计数据中的"货币供应量"板块；基础货币 B 的数据来源于"货币当局资产负债表"板块；定期存款 T 和活期存款 D 的数据来源于"其他存款性公司资产负债表"板块。

此外，核心解释变量 DCEP 转换指数 F 的计算过程中还涉及人口数 R、居民人均可支配收入 Y_d 以及移动支付规模 em。其中，人口数 R 与居民人均可支配收入 Y_d 的数据均来源于国家统计局网站。移动支付规模 em 的数据来源于中国人民银行每季度公布的《支付体系运行总体情况》报告。

5.3.3 数据预处理

超额存款准备金率 r_e、居民人均可支配收入 Y_d 以及移动支付规模 em 均只有季度数据，人口数只有年度数据。本书采用插值法将其全部转换为月度数据。

由于两个货币乘数 m 模型中的各变量最终均为月度数据，为消除季节影响，本研究采用 Census X-12 方法对所有变量进行季节调整。

5.4　实证检验

5.4.1　平稳性检验

时间序列数据大多数是不平稳的，为了避免回归方程中的伪回归现象，在进行回归分析前首先要做单位根检验，来选择平稳的变量进行回归。本研究选择 ADF 检验来判断两个货币乘数 m 模型中的 6 个变量是否为平稳变量。

ADF 检验一共有三种形式可选择：①只存在截距项。②既存在截距项也存在趋势项。③截距项与趋势项均不存在。本研究分别选择三种形式依次对各变量进行单位根检验，比较各变量在不同形式下的 AIC、SC、HQ 值，选择值最小的形式作为最终的单位根检验结果。狭义货币乘数 m_1 模型和广义货币乘数 m_2 模型中各变量的平稳性检验结果如表 5.2 所示。

表5.2　　　　　　　　　货币乘数 m 模型变量组的单位根检验

变量	(C, T, K)	DW 值	ADF 值	5%临界值	1%临界值	p 值	结论
m_1	(0, 0, 2)	1.95	2.30	−1.94	−2.58	0.9949	不平稳
dm_1	(C, 0, 1)	1.95	−11.10	−2.89	−3.48	0.0000	平稳 ***
m_2	(C, T, 2)	1.95	−2.87	−3.45	−4.03	0.1774	不平稳
dm_2	(C, 0, 1)	1.96	−11.52	−2.89	−3.48	0.0000	平稳 ***
F	(C, T, 3)	1.92	−2.54	−3.45	−4.03	0.3077	不平稳
dF	(C, 0, 2)	1.94	−8.48	−2.89	−3.48	0.0000	平稳 ***

续表

变量	(C, T, K)	DW 值	ADF 值	5% 临界值	1% 临界值	p 值	结论
r_c	(C, T, 12)	1.60	−1.24	−3.45	−4.04	0.8979	不平稳
dr_c	(C, T, 11)	1.60	−5.04	−3.45	−4.04	0.0003	平稳***
r_e	(C, 0, 7)	1.99	−2.32	−2.89	−3.49	0.1680	不平稳
dr_e	(0, 0, 6)	1.99	−4.35	−1.94	−2.58	0.0000	平稳***
t	(0, 0, 1)	2.08	1.63	−1.94	−2.58	0.9748	不平稳
dt	(0, 0, 0)	2.06	−16.17	−1.94	−2.58	0.0000	平稳***

注：C 代表存在截距项，T 代表存在趋势项，K 代表最优滞后阶数；*** 表示变量在 1% 显著性水平下平稳，** 表示变量在 5% 显著性水平下平稳，* 表示变量在 10% 显著性水平下平稳。

通过 ADF 检验，m_1、m_2、F、r_c、r_e、t 的原序列均接受原假设，即原序列具有一个单位根。因此两个货币乘数 m 模型中所有变量的原序列均是不平稳序列。

对全部变量的一阶差分序列再次进行 ADF 检验，结果显示所有变量的一阶差分序列，即 dm_1、dm_2、dF、dr_c、dr_e 和 dt 的 ADF 检验 T 值均小于 1% 显著性水平下的临界值，说明 6 个变量的一阶差分序列均拒绝有单位根的原假设，均为平稳序列。

则狭义货币乘数 m_1 模型和广义货币乘数 m_2 模型的全部变量均为一阶单整，满足协整检验的前提。

5.4.2 最优滞后阶数的确定

在进行协整检验和构建向量误差修正模型时，均需选择滞后阶数。本研究先构建无约束的 VAR 模型，综合考虑多种信息准则来确定适宜的滞后阶数。分析结果见表 5.3 与表 5.4。

表5.3　　　　　　　　狭义货币乘数 m_1 模型变量组滞后阶数选择

Lag	LogL	LR	FPE	AIC	SC	HQ
1	1406.961	NA	9.97e−17	−22.65510	−22.08050*	−22.42171
2	1465.627	107.7147*	4.35e−17*	−23.50043*	−22.05781	−22.74023*
3	1496.323	53.84420	5.75e−17	−23.20700	−21.57660	−22.60023
4	1533.526	62.20825	5.26e−17	−23.30038	−21.20205	−22.56690

注：＊表示每个准则选择的最优滞后阶数。

表5.4　　　　　　　　广义货币乘数 m_2 模型变量组滞后阶数选择

Lag	LogL	LR	FPE	AIC	SC	HQ
1	1259.046	NA	8.21e−16	−20.23026	−19.65566*	−19.99688
2	1318.081	108.3929*	5.07e−16*	−21.04405*	−19.63903	−20.32145*
3	1346.625	50.06897	6.46e−16	−20.78832	−19.12253	−20.14617
4	1383.687	61.97247	6.12e−16	−20.84631	−18.74567	−20.11052

注：＊表示每个准则选择的最优滞后阶数。

根据表5.3中显示的结果，4个检验统计量显示滞后2阶为狭义货币乘数 m_1 模型变量组的最优滞后阶数；一个检验统计量显示滞后1阶为狭义货币乘数模型 m_1 变量组的最优滞后阶数。因此狭义货币乘数模型 m_1 变量组的最优滞后阶数为滞后2阶。

同理可得，广义货币乘数 m_2 模型变量组的最优滞后阶数同样为滞后2阶。

5.4.3　协整检验

通过上文的平稳性检验结果可知，狭义货币乘数 m_1 模型和广义货币乘数 m_2 模型中的各变量均为一阶单整，变量间或许具有协整关系。本研究采用适用于多变量的 Johansen 协整检验方法，分别对两个货币乘数 m 模型的各变量间是否具有协整关系进行检验。

Eviews 共提供 5 种 Johansen 检验形式，综合考虑变量的趋势项情况后，本研究选择第 3 种，即 Intercept（no trend）in CE and test VAR 形式来进行协整检验。由于协整关系要进行一阶差分验证，所以进行协整检验时选择的滞后阶数是无约束 VAR 模型的最优滞后阶数减 1，因此狭义货币乘数 m_1 模型和广义货币乘数 m_2 模型进行协整检验时选择的滞后阶数均为 1。最终协整检验结果分别见表 5.5 和表 5.6。

表 5.5　　　　狭义货币乘数 m_1 模型变量组协整关系检验

协整方程数	特征值	迹统计量	5%临界值	p 值
None	0.216672	81.82556	69.81889	0.0041
At most 1	0.196591	51.54424	47.85613	0.0216
At most 2	0.158660	24.40179 *	29.79707	0.1840
At most 3	0.015585	2.979564	15.49471	0.9678
At most 4	0.008287	1.031844	3.841465	0.3097

注：* 表示在显著性为 5% 的水平下拒绝原假设。

表 5.6　　　　广义货币乘数 m_2 模型变量组协整关系检验

协整方程数	特征值	迹统计量	5%临界值	p 值
None	0.215008	79.43865	69.81889	0.0070
At most 1	0.194962	49.42055	47.85613	0.0354
At most 2	0.135140	22.52924 *	29.79707	0.2700
At most 3	0.021774	4.526029	15.49471	0.8569
At most 4	0.014382	1.796275	3.841465	0.1802

注：* 表示在显著性为 5% 的水平下拒绝原假设。

表 5.5 中的迹检验结果表明，在假设狭义货币乘数 m_1 模型变量组存在 0 个和 1 个协整关系的原假设条件下，迹统计量均大于 5% 临界值，说明狭义

货币乘数 m_1 模型变量组可以在 5% 的显著性水平下拒绝"协整秩为 0"以及"协整秩为 1"的原假设，但无法拒绝"协整秩为 2"的原假设。在"协整秩为 2"的原假设下，迹统计量 24.40179 小于 5% 临界值 29.79707。因此，在 5% 的显著性水平下，狭义货币乘数 m_1 模型变量组存在两个协整关系，考虑到变量之间的经济含义后，本节选取第 1 个协整关系作为主要的协整关系，具体见式（5.6）：

$$m_1 = -0.054241F - 19.83025r_c - 12.1287r_e - 1.189241t \qquad (5.6)$$

同理，表 5.6 中的迹检验结果表明，广义货币乘数 m_2 模型变量组可以在 5% 的显著性水平下拒绝"协整秩为 0"以及"协整秩为 1"的原假设。同样无法拒绝"协整秩为 2"的原假设。因此在 5% 的显著性水平下，广义货币乘数 m_2 模型变量组同样存在两个协整关系，选取第 1 个协整关系作为主要的协整关系，具体见式（5.7）：

$$m_1 = -4.179567F - 13.9745r_c - 10.50134r_e - 6.87661t \qquad (5.7)$$

狭义货币乘数 m_1 模型变量组和广义货币乘数 m_2 模型变量组均通过协整检验，说明两组变量之间均存在长期均衡关系。由上述表达式可得，三个控制变量中现金漏损率 r_c、超额存款准备金率 r_e 和定活比 t 的系数均为负值，说明现金漏损率 r_c、超额存款准备金率 r_e 和定活比 t 与货币乘数 m 的变化方向相反。即当现金漏损率 r_c、超额存款准备金率 r_e 和定活比 t 增大时，货币乘数 m 会缩小；当现金漏损率 r_c、超额存款准备金率 r_e 和定活比 t 减小时，货币乘数 m 会扩大。这与前文中的理论分析一致。此外，DCEP 的转换指数 F 在两个公式中的系数均为负数，说明 DCEP 的推出在长期内会缩小货币乘数 m。

在式（5.6）中，DCEP 转换指数 F 的系数为 -0.054241；在式（5.7）中，DCEP 转换指数 F 的系数为 -4.179567。说明长期内 DCEP 转换指数 F 每提高一个单位，m_1 会减小 0.054241 个单位，m_2 会减小 4.179567 个单位，说明 DCEP 转换指数 F 对广义货币乘数 m_2 的影响力度大于狭义货币乘数 m_1。此外在两个表达式中，现金漏损率 r_c 的绝对值均为最大，说明控制变量中现金漏损率 r_c 对被解释变量 m_1 和 m_2 的影响力度最大，其次为超额存款准备金

率 r_e 和定活比 t。

5.4.4 向量误差修正模型

狭义货币乘数 m_1 模型和广义货币乘数 m_2 模型变量组之间均存在长期均衡关系，符合建立向量误差修正模型的条件。为进一步探究 F、r_c、r_e 和 t 分别对 m_1 和 m_2 的短期影响情况，本研究创建向量误差修正模型。由前文已知，两个变量组 VAR 模型的最优滞后阶数均为 2，所以两个 VECM 模型选择的滞后阶数为 1。结果如式（5.8）和式（5.9）所示。

$$D(m_1) = -0.0134 \times ecm(-1) - 0.3181 \times D(m_1(-1)) + 0.0010$$
$$\times D(F(-1)) - 0.0216 \times D(r_c(-1)) - 4.1240 \times D(r_e(-1))$$
$$+ 0.0230 \times D(t(-1)) + 0.0069 \tag{5.8}$$

狭义货币乘数 m_1 模型的 Log likelihood 为 1479.082，AIC 值为 −23.21101，SC 值为 −22.30124，整体拟合效果较好。从式（5.8）中可以看出，误差修正项 $ecm(-1)$ 的系数为 −0.0134，这表明对于狭义货币乘数 m_1 而言，即使当各变量的短期波动情况偏离长期均衡时，系统会在每期以 −0.0134 的力度将非均衡状态拉到均衡状态。$D(m_1(-1))$ 的系数为负，说明在短期内，狭义货币乘数 m_1 前一期的变化对其本身有负向作用。$D(r_c(-1))$ 和 $D(r_e(-1))$ 的系数均为负，现金漏损率 r_c 和超额存款准备金率 r_e 在短期与长期内对狭义货币乘数 m_1 均为负向影响。而 $D(t(-1))$ 的系数为 0.0230，虽然在短期内定活比 t 对狭义货币乘数 m_1 的影响方向与长期均衡状态的方向相反，但最终会回到均衡状态。此外，$D(F(-1))$ 的系数为正，说明 DCEP 的发行在短期会扩大狭义货币乘数 m_1。

$$D(m_2) = -0.0007 \times ecm(-1) - 0.3123 \times D(m_2(-1)) + 0.0004$$
$$\times D(F(-1)) - 0.4077 \times D(r_c(-1)) - 13.2034 \times D(r_e(-1))$$
$$+ 0.1084 \times D(t(-1)) + 0.0395 \tag{5.9}$$

广义货币乘数 m_2 模型的 Log likelihood 为 1327.183，AIC 值为 −20.76102，

SC 值为 -19.85125，整体拟合效果较好。同理对于广义货币乘数 m_2 而言，当短期波动偏离长期均衡时，系统会在每期以 -0.0007 的力度将非均衡状态拉到均衡状态。相较于狭义货币乘数 m_1 模型，广义货币乘数 m_2 模型的调整速度更慢，这可能是因为广义货币乘数 m_2 中包含流动性相对较差的定期存款 T，其流通速度慢，造成其调整速度也相对较慢。在广义货币乘数 m_2 模型中，$D(F(-1))$ 的系数仍为正，说明 DCEP 的发行在短期会扩大广义货币乘数 m_2。

为确保模型有意义，接下来利用 AR 根检验法继续检验所构建的狭义货币乘数 m_1 模型和广义货币乘数 m_2 模型是否具有稳定性。单位圆中的圆点是 AR 特征根倒数的模，若圆点均在单位圆的封闭范围内，则说明构建的模型是平稳的。结果如图 5.1 和图 5.2 所示。

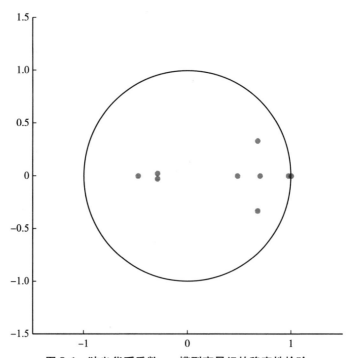

图 5.1　狭义货币乘数 m_1 模型变量组的稳定性检验

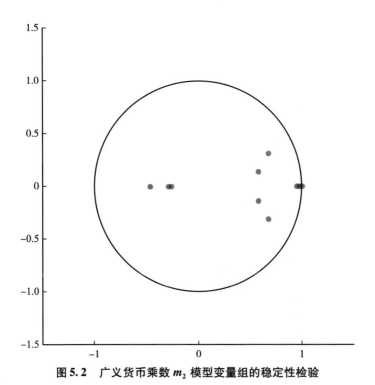

图 5.2 广义货币乘数 m_2 模型变量组的稳定性检验

通过图 5.1 与图 5.2 可以看出，狭义货币乘数 m_1 模型和广义货币乘数 m_2 模型中所有特征方程的根的分布位置均在单位圆之中，代表本研究构建的狭义货币乘数 m_1 模型与广义货币乘数 m_2 模型均具有稳定性。

5.4.5　脉冲响应分析

接下来通过脉冲响应图来分析狭义货币乘数 m_1、广义货币乘数 m_2、现金漏损率 r_c、超额存款准备金率 r_e 和定活比 t 对 DCEP 转换指数 F 的脉冲响应，结果如图 5.3 ~ 图 5.10 所示。

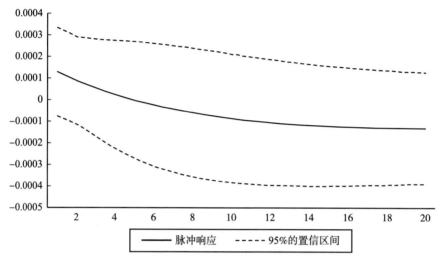

图 5.3　狭义货币乘数 m_1 对 DCEP 转换指数 F 的脉冲响应

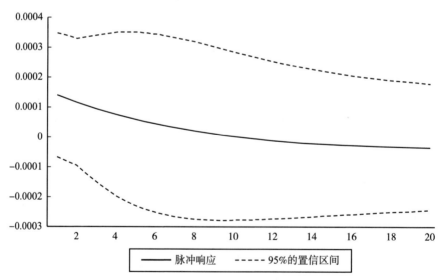

图 5.4　广义货币乘数 m_2 对 DCEP 转换指数 F 的脉冲响应

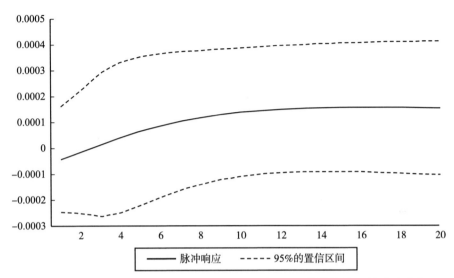

图 5.5　狭义货币乘数模型中现金漏损率 r_c 对 DCEP 转换指数 F 的脉冲响应

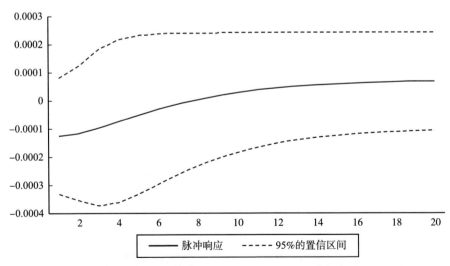

图 5.6　广义货币乘数模型中现金漏损率 r_c 对 DCEP 转换指数 F 的脉冲响应

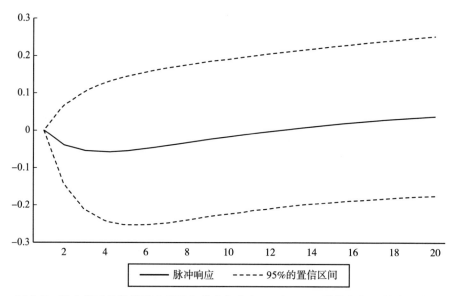

图5.7 狭义货币乘数模型中超额存款准备金率 r_e 对 DCEP 转换指数 F 的脉冲响应

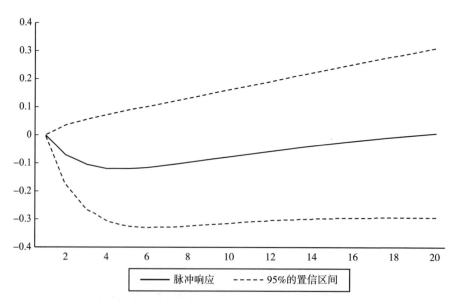

图5.8 广义货币乘数模型中超额存款准备金率 r_e 对 DCEP 转换指数 F 的脉冲响应

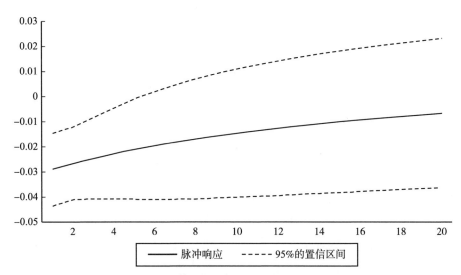

图 5.9　狭义货币乘数模型中定活比 t 对 DCEP 转换指数 F 的脉冲响应

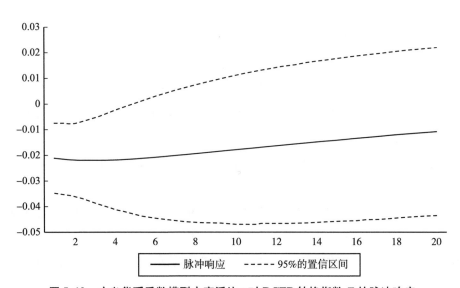

图 5.10　广义货币乘数模型中定活比 t 对 DCEP 转换指数 F 的脉冲响应

　　图 5.3 和图 5.4 分别是狭义货币乘数 m_1 和广义货币乘数 m_2 对 DCEP 转换指数 F 的脉冲响应。其中图 5.3 显示，当给 DCEP 转换指数 F 一个正向冲击后，狭义货币乘数 m_1 在 $0 \sim 5$ 期内为正向反应，但该正向反应逐渐减小至

0，并从第 5 期开始转为负向反应。说明 DCEP 的使用在最初时会扩大狭义货币乘数 m_1，但扩大趋势持续时间较短。

图 5.4 显示，与狭义货币乘数 m_1 的反应类似，当给 DCEP 转化指数 F 一个正向冲击后，广义货币乘数 m_2 在短期内同样会先逐渐增大，0~11 期为正向反应，但该正向反应逐渐减小至 0，并从第 11 期开始转为负向反应。并且相较于狭义货币乘数 m_1，广义货币乘数 m_2 短期内的扩大效应持续时间更长。

之所以 DCEP 在短期内会扩大货币乘数 m，主要是因为在 DCEP 推行之初，DCEP 主要对现金产生替代效应，而对活期存款 D 的挤占效应还不明显。由于 DCEP 没有利息收益，且 DCEP 会降低不同类型资产之间的转换成本，所以有公众会将适量的现金转化为活期存款 D。此外，DCEP 使商业银行调集资金的能力增强，从而减少超额存款准备金的数量。因此现金漏损率 r_c、超额存款准备金率 r_e 和定活比 t 有减小的趋势，导致货币乘数 m 在短期内会扩大。

图 5.5 和图 5.6 分别是以狭义货币乘数 m_1 和广义货币乘数 m_2 为被解释变量建立的模型中，现金漏损率 r_c 对 DCEP 转换指数 F 的脉冲响应。

在两个货币乘数 m 模型中，现金漏损率 r_c 对 DCEP 转换指数 F 的脉冲响应趋势的走向是一致的。当现金漏损率 r_c 受到 DCEP 转换指数 F 一个正向冲击后，在短期内，现金漏损率 r_c 会有负向反应，该负向反应逐渐减小最终转为正向反应。这表明 DCEP 推出后会先降低现金漏损率 r_c，但最终长期来看，DCEP 会提高现金漏损率 r_c。

这可能是由于 DCEP 在推行之初，公众并没有充分认识 DCEP 的便利使用价值，并且由于 DCEP 没有利息收益，且转换成本低。许多公众将大部分现金转为 DCEP 的同时，会将适量的现金转化为活期存款 D。因此，在短期内，现金漏损率 r_c 有减小的趋势。但长期来看，现金漏损率 r_c 会增大。

图 5.7 和图 5.8 分别是以狭义货币乘数 m_1 和广义货币乘数 m_2 为被解释变量建立的模型中，超额存款准备金率 r_e 对 DCEP 转换指数 F 的脉冲响应。

在两个货币乘数 m 模型中，当超额存款准备金率 r_e 受到 DCEP 转换指数 F 一个正向冲击后，超额存款准备金率 r_e 均会先减小后增大。其中在狭义货

币乘数 m_1 模型中,超额存款准备金率 r_e 在 0 ~ 13 期内为负向反应;在广义货币乘数 m_2 模型中,超额存款准备金率 r_e 在 0 ~ 20 期内为负向反应。

但两个模型中 DCEP 转换指数 F 对超额存款准备金率 r_e 的负向反应均会逐渐减小,最后转为正向反应。并且在广义货币乘数 m_2 中,DCEP 转换指数 F 对超额存款准备金率 r_e 的负向反应持续时间更长。

这主要是由于在 DCEP 发行前期,DCEP 对超额存款准备金的影响较为明显,DCEP 加快资金流通速度,使商业银行减少超额存款准备金的数量。但 DCEP 对存款数量没有明显的影响,公众不会在前期将大量存款转换为 DCEP。即超额存款准备金的缩减规模小于存款的缩减规模,所以超额存款准备金率 r_e 会减小。

因此,在短期内,DCEP 会减小超额存款准备金率 r_e,但从长期来看,DCEP 对超额存款准备金率 r_e 为正向影响。

图 5.9 和图 5.10 分别是以狭义货币乘数 m_1 和广义货币乘数 m_2 为被解释变量建立的模型中,定活比 t 对 DCEP 转换指数 F 的脉冲响应。

从图 5.9 和图 5.10 中可得,在狭义货币乘数 m_1 模型与广义货币乘数 m_2 模型中,当给 DCEP 转换指数 F 一个正向冲击后,定活比 t 在 0 ~ 20 期内均为负向反应,但会逐渐减小,最终趋向于 0。因此,DCEP 推出时,定活比 t 在短期内有减小趋势。

这主要是因为在 DCEP 发行初期,由于 DCEP 没有利息收益,且能加快不同形式资产之间的转换速度,所以存款人可能会倾向于将更多资金以活期存款 D 的形式存放在银行,以便随时进行支付和转账。由于 DCEP 在初期的流动性较差,DCEP 在前期并不会对定期存款 T 的规模产生明显影响。

由于活期存款 D 的规模扩大,而定期存款 T 的规模没有明显变化。因此,DCEP 在短期内会缩小定活比 t,但该缩小效应会逐渐减弱。

5.4.6 方差分解

表 5.7 与图 5.11 展示各变量对 m_1 变动的贡献率。

表 5.7   狭义货币乘数 m_1 的方差分解

时期	m_1	F	r_c	r_e	t
1	100	0	0	0	0
5	91.13961	1.147937	2.520772	4.597608	0.594076
10	83.15152	2.269759	10.15834	3.213889	1.206495
15	71.15832	2.988503	19.25553	2.639274	3.958380
20	59.82796	4.021826	26.31278	2.308536	7.528899
25	51.30442	4.702046	31.01984	2.223190	10.75051
30	45.23485	5.294687	33.85165	2.249303	13.36951

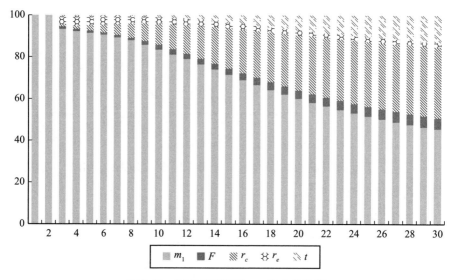

图 5.11　狭义货币乘数 m_1 的方差分解

从方差分解结果来看，狭义货币乘数 m_1 对其自身的贡献率由第 1 期的 100% 逐渐下降至第 15 期的 71.16%，再逐渐下降至第 30 期的 45.23%。解释变量 *DCEP* 转换指数 F 对狭义货币乘数 m_1 的贡献率在第 30 期时增加至 5.29%。

现金漏损率 r_c 是控制变量中对狭义货币乘数 m_1 贡献率最大的，且贡献率逐渐增大，第 15 期时现金漏损率 r_c 的贡献率为 19.26%，第 30 期时现金漏损率 r_c 的贡献率高达 33.85%。其次是定活比 t，定活比 t 对狭义货币乘数 m_1 的贡献率一直在逐渐增大，在第 30 期时定活比 t 对狭义货币乘数 m_1 的贡献率达到 13.37%。超额存款准备金率 r_e 对狭义货币乘数 m_1 的贡献率先增大后减小，首先在第 4 期时达到最高，为 4.93%，但最终在第 30 期时，超额存款准备金率 r_e 对狭义货币乘数 m_1 的贡献率下降至 2.25%。

由此可见，随着 DCEP 的推出，DCEP 对狭义货币乘数 m_1 有明显的解释作用，并逐渐加强。

表 5.8 与图 5.12 展示各变量对广义货币乘数 m_2 变动的贡献率。

表 5.8 广义货币乘数 m_2 的方差分解

时期	m_1	F	r_c	r_e	t
1	100	0	0	0	0
5	90.01994	3.772477	1.886167	2.925143	1.396278
10	67.07887	16.56460	4.532620	8.948555	2.875361
15	53.08353	23.32775	6.205611	14.17858	3.204527
20	47.45741	25.97527	7.080176	16.09559	3.391547
25	44.74805	27.14940	7.575365	16.98016	3.547025
30	43.11587	27.82814	7.894066	17.50006	3.661857

从方差分解结果来看，广义货币乘数 m_2 对其自身的贡献率一直处于下降趋势。由第 1 期的 100% 逐渐下降至第 15 期的 53.08%，在第 30 期时仅为 43.12%。

解释变量 DCEP 转换指数 F 对广义货币乘数 m_2 的贡献率最大，并且 DCEP 转换指数 F 对广义货币乘数 m_2 的贡献率一直在逐渐增大，在第 30 期时增加至 27.83%。

其次是控制变量中的超额存款准备金率 r_e，超额存款准备金率 r_e 对广义货币乘数 m_2 的贡献率在第 15 期时达到 14.18%，又逐渐增大至第 30 期的

17.5%。接下来是现金漏损率 r_c，现金漏损率 r_c 对广义货币乘数 m_2 的贡献率逐渐增大，第 15 期时现金漏损率 r_c 的贡献率为 6.21%，第 30 期时现金漏损率 r_c 的贡献率高达 7.89%。最后是定活比 t，定活比 t 对广义货币乘数 m_2 的贡献率增幅较小，在第 30 期时定活比 t 对广义货币乘数 m_2 的贡献率仅为 3.66%。

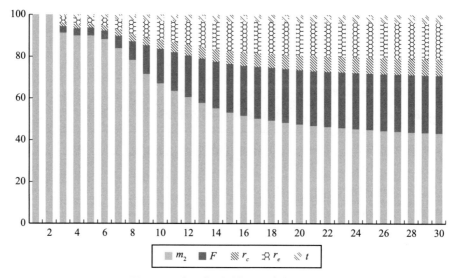

图 5.12　广义货币乘数 m_2 的方差分解

由此可见，随着 DCEP 的不断普及，DCEP 会对广义货币乘数 m_2 的变动产生明显影响。

5.5　实证研究结论

1. DCEP 的使用在短期内会扩大货币乘数 m。

在短期内，DCEP 的使用对狭义货币乘数 m_1 和广义货币乘数 m_2 均有正向的扩大作用。DCEP 主要是通过降低现金漏损率 r_c、超额准备金率 r_e 和定

活比 t 来扩大狭义货币乘数 m_1 和广义货币乘数 m_2。

首先，DCEP 的推出会切实减弱人们对现金通货的需求，同时在前期公众还没有充分认识到 DCEP 的便利使用价值，并且由于 DCEP 使各类资产间的转换更加容易，而 DCEP 没有利率，为了获取收益，公众将现金转为 DCEP 的同时，会将部分现金转化为活期存款 D。在这一过程中，现金漏损率 r_c 的下降趋势明显，这一变化将直接导致更多货币流入银行体系，从而增加银行可用于贷款和投资的货币量。这些新增的货币会参与整个信用创造过程，从而扩大货币创造的规模。其次，支付体系清算效率会在 DCEP 的应用下得到提升，商业银行资产的流动性得以增加，从而有助于提高商业银行的资金头寸调控水平，导致超额存款准备金率 r_e 有下降趋势。此外，随着 DCEP 的普及，活期存款 D 的流动性更强，存款人可能更倾向于将资金以活期存款的形式存放在银行，以便随时进行支付和转账，使定活比 t 呈现出下降趋势，银行体系内的流动性上升，使货币更容易被创造和流通。因此短期来看，两个货币层次的货币乘数 m 均会增加，在基础货币 B 不变时，会放大货币供给效应。

2. DCEP 的使用在长期内会缩小货币乘数 m。

但从长期来看，不论是狭义货币乘数 m_1 还是广义货币乘数 m_2，DCEP 的发展都会对其产生抑制作用。主要是因为随着 DCEP 制度红利的释放、金融资产交易效率的提升、交易成本的降低以及应用场景的创新等，DCEP 便捷的使用效用远超过银行活期存款 D 的利息收入所产生的效用，公众会有较强的动机将活期存款 D 转换为 DCEP。

因此，DCEP 在长期内会减少公众对现金和活期存款 D 等交易性货币的实际需求，对现金通货和活期存款 D 产生替代效应，更多的货币流出银行体系，进入数字钱包，所以现金漏损率 r_c 会提高；此外，DCEP 使资产间的转换成本降低，增加了银行间的交易效率，从而提升商业银行的流动性风险应对能力。因此，商业银行会适度缩减超额存款准备金的规模，但超额存款准备金的缩减规模小于活期存款 D 的缩减规模，故而超额存款准备金率 r_e 在长期内会提高。虽然 DCEP 在长期内会对活期存款 D 产生明显的挤兑效应，但

由于定期存款 T 的收益率较高，公众为获取收益，不会明显改变定期存款 T 的持有量。因此，DCEP 的发行对定期存款 T 的影响效应较小，而活期存款 D 明显减少，所以定活比 t 会增加。

现金漏损率 r_c、超额存款准备金率 r_e 和定活比 t 对货币乘数 m 均为反向影响。因此在长期内，DCEP 会通过提高现金漏损率 r_c、超额存款准备金率 r_e 和定活比 t 来减小狭义货币乘数 m_1 和广义货币乘数 m_2。

5.6 本章小结

本章运用时间序列模型的分析方法，通过建立长期协整方程、构建短期向量误差修正模型以及绘制脉冲响应图等，来分析 DCEP 对货币乘数 m 的长短期影响，得到如下的实证结果：

从长期协整方程来看，央行数字货币 DCEP 与狭义货币乘数 m_1、广义货币乘数 m_2 之间均存在长期均衡关系，DCEP 对货币乘数 m 具有负向影响。并且结合上文理论分析部分可知，DCEP 在长期内会通过提高现金漏损率 r_c、超额存款准备金率 r_e 和定活比 t 来降低货币乘数 m。

从向量误差修正模型结果中可以得出，在短期内，DCEP 的发行会扩大狭义货币乘数 m_1 与广义货币乘数 m_2。对于两个模型而言，当短期波动偏离长期均衡时，系统均会将其从非均衡状态拉到均衡状态。并且相较于狭义货币乘数 m_1 模型，广义货币乘数 m_2 模型的调整速度更慢。

其中从变量间的动态影响关系上看，当狭义货币乘数 m_1 与广义货币乘数 m_2 在 DCEP 转换指数 F 受到正向冲击后，均会在前期呈现扩大趋势。并且相较于狭义货币乘数 m_1，广义货币乘数 m_2 的扩大趋势持续时间更长。并且在短期内，DCEP 会降低现金漏损率 r_c、超额存款准备金率 r_e 和定活比 t。

从对狭义货币乘数 m_1 与广义货币乘数 m_2 变动的贡献率上来看，DCEP 对狭义货币乘数 m_1 和广义货币乘数 m_2 的变动均具有较大的影响。其中 DCEP 对广义货币乘数 m_2 变动的影响大于对狭义货币乘数 m_1 变动的影响。

第 6 章

央行数字货币重塑跨境支付
体系的实证分析

前面章节我们提到央行数字货币（DCEP）出台后必将重塑银行五大体系，但是在现有银行五大体系，即资金融通体系、国内支付体系、金融服务体系、信用货币创造体系（又称信用货币体系）、全球跨境支付体系中，资金融通体系、国内支付体系、金融服务体系的影响效应无非是成本降低、效率提升、资金周转效率加快，而当 DCEP 出台后，对银行信用货币创造体系和全球支付体系的重塑将是颠覆性的，或者说是对原有信用货币体系和全球支付体系的影响是全面碾压性的，因而前一章即第五章单独测算 DCEP 出台后重塑银行信用货币创造体系带来的经济效应。故而本章单独测算央行数字货币出台后重塑全球跨境支付体系带来的经济效应。

随着全球化的发展和国际贸易的增加，跨境支付系统成为了现代商业和个人之间进行国际支付的关键工具。根据世界贸易组织（WTO）的数据，2021 年全球货物贸易额达到了约 19 万亿美元，而服务贸易额也达到了约 6.5 万亿美元。这一庞大的交易量要求支付体系必须具备高效处理跨境支付的能力，以满足全球经济活动的需求。但随着全球经济体之间的金融交互日益密切，其存在的一系列如高成本和低效率、缺乏透明度和可追溯性、安全性降低和风险增大、面临监管和合规挑战，以及货币转换和汇率波动等问题，制约了全球跨境支付体系的发展和运作效率。

在这样的背景下，同时为应对私人数字货币带来的影响，各国开始研发央行数字货币（CBDC）（巴曙松等，2021），目前约100多个国家正在探索引入CBDC的可能性，其中已经有11个国家全面推出了自己的CBDC（Rebecca，2023），我国的央行数字货币应运而生。DCEP是由中国人民银行主导研发的数字货币项目，采用的分布式账本技术（DLT）强调了对隐私的保护，采取"可控匿名性"原则，也满足了反洗钱（AML）和反恐融资（CFT）的要求，同时双层运营体系充分利用了现有金融体系的基础设施，确保了DCEP的平稳推广和广泛接受。

因此，作为一种中央银行数字货币，DCEP旨在提高支付系统的效率、增强支付系统的安全性，并促进金融包容性，其设计充分考虑了货币政策的执行、金融稳定的维护以及对现行支付生态的最小干扰，并有望通过提供一个高效、安全的数字货币解决方案，重塑全球跨境支付体系，降低交易成本，提高跨境支付的速度和透明度。

因此，本章创建VAR模型对央行数字货币重塑全球跨境支付体系产生的经济效应进行测算。

6.1 变量选择与数据来源

本章基于VAR模型分析央行数字货币对跨境支付体系的影响，由于人民币跨境支付结算额仅可获取2012年1月之后的数据，故所有变量数据选取范围均为2012年1月至2023年9月，共计141个月的月度数据。

被解释变量选取：选取跨境人民币结算额衡量人民币跨境支付的发展程度，用*CBS*表示，数据来源为中国人民银行网站。

解释变量选取：关于人民币跨境支付的影响因素衡量主要分为四个方面，即货币的网络外部性衡量、金融市场发展程度、货币体系和数字货币技术优化，因此解释变量从四个方面进行指标选取。

（1）货币的网络外部性。货币的网络外部性是指特定货币对用户的价值取决于有多少其他用户也使用它,具有需求方和供给方规模经济和路径依赖的特性。根据定义,国际市场主体在选择使用的或储备的货币时会考虑该货币的使用规模,而 *CBS* 滞后项代表着当前货币使用规模会对未来人们选择货币时产生的影响,也就是货币的网络外部性效应。因此,选取被解释变量的一阶滞后作为解释变量以衡量人民币的网络外部性,用 $CBSt\text{-}1$ 表示。

(2)金融市场发展程度。央行数字货币将通过提高货币流通速度,以促进金融深化。因此,选取金融相关比率(*FIR*)代表金融市场的发展程度,即一定时期内金融活动总量与经济活动总量的比值,其中用有价证券和 *M2* 代表金融活动总量,用 GDP 代表经济活动总量,二者的比值代表 *FIR*,数据来源于国泰安数据库。

(3)货币体系的影响。央行数字货币将通过降低金融资产转换成本从而降低货币需求,通过改变货币乘数从而降低 *M1* 货币供给。因此,将 *M1*(狭义货币供给)作为该影响的衡量指标,用 *M1* 来表示;另外,选取人民币兑美元汇率波动率表示货币的对外波动,用 *Rate* 来表示,数据均来源于国泰安数据库。

(4)数字货币技术优化。于 2018 年 3 月上线的 CIPS 二期系统,对一期进行了全面优化,简化了人民币跨境支付清算层级,提高了支付效率,降低了支付成本且参与者数量大幅提高。因此,本研究选择将 2018 年 4 月这一时间节点作为虚拟变量来衡量该影响,用 CIPS 表示。相关信息来自中国人民银行网站。

另外,进出口规模、物价稳定等也是跨境支付的影响因素,故引入进口贸易额、出口贸易额和居民消费指数作为解释变量,分别用 *Import*、*Export* 和 *CPI* 表示,数据均来源于国泰安数据库。

6.2　模型设定

6.2.1　单位根检验

首先用 Stata15.1 对对数化处理后的数据进行 ADF 检验,结果如表 6.1

所示。表6.1中结果显示序列数据均平稳；变量 lnM1 为非平稳时间序列，进行一阶差分后，diffM1 的 p 值小于 0.01，即该变量为一阶单整序列。

表6.1　　　　　　　　　　　　单位根检验结果

变量	检验情形	t 值	p 值	1%临界值	5%临界值	10%临界值	平稳性
lnCBS	default	−3.163	0.0222 *	−3.497	−2.887	−2.577	平稳
ln$CBSt-1$	default	−3.783	0.0031 **	−3.484	−2.884	−2.579	平稳
lnFIR	default	−4.510	0.0002 **	−3.484	−2.884	−2.579	平稳
ln$M1$	drift	−1.421	0.0788	−2.354	−1.656	−1.288	非平稳
diff$M1$	default	−15.837	0.0000 **	−3.484	−2.884	−2.579	平稳
ln$rate$	default	−5.122	0.0000 **	−3.484	−2.884	−2.579	平稳
ln$import$	default	−4.148	0.0008 **	−3.484	−2.884	−2.579	平稳
ln$export$	default	−4.840	0.0000 **	−3.484	−2.884	−2.579	平稳
lncpi	drift	−2.529	0.0063 **	−2.354	−1.656	−1.288	平稳

注：* p 值<5%，在5%的显著性水平下拒绝原假设，即不存在单位根，序列平稳；

** p 值<1%，在1%的显著性水平下拒绝原假设，即不存在单位根，序列平稳。

6.2.2　协整检验

VAR 模型中的变量必须平稳，但考虑到金融时间序列多为高频数据，对于信息的敏感程度高，为避免差分后损失大量信息，丢失变量原本的经济学含义，故对非平稳时间序列进行协整检验。检验结果如表6.2所示。

表6.2　　　　　　　　　　　　协整检验结果

协整个数	自变量个数	LL 统计量	特征值	迹统计量	5%临界值
0	14	1047.0221	—	443.4620	136.61
1	27	1142.7819	0.74538	251.9423	104.94
2	38	1190.7191	0.49582	156.0679	77.74

协整个数	自变量个数	LL 统计量	特征值	迹统计量	5% 临界值
3	47	1222.3626	0.36368	92.7810	54.64
4	54	1253.5241	0.35928	30.4580 *	34.55
5	59	1264.6593	0.14707	8.1875	18.17
6	62	1267.9801	0.04633	1.5460	3.74
7	63	1268.7531	0.01098	—	—

注：* 表示在 5% 的显著性水平下接受原假设。

包含常数项与时间趋势项的协整秩迹检验结果表明，可以在 5% 的显著性水平下拒绝"协整秩为 3"的原假设，但无法拒绝"协整秩为 4"的原假设。说明各变量间存在长期均衡关系，能够对上述变量构建回归模型。

6.2.3 模型创建

向量自回归模型（vector autoregressive model，简称 VAR 模型）是非结构性方程组模型，在模型的每一个方程中，内生变量对模型的全部内生自变量的滞后项进行回归，进而估计全部内生变量的动态关系，可用于预测相互联系的时间序列系统以及分析随机扰动对变量系统的动态冲击。本书使用 VAR 模型分析各个变量之间是否存在动态传导关系，以观察它们之间传导机制的形式。模型形式如下：

$$\begin{pmatrix} y_{1,t} \\ y_{2,t} \\ \cdots \\ y_{k,t} \end{pmatrix} = A_0 + A_1 \begin{pmatrix} y_{1,t-1} \\ y_{2,t-1} \\ \cdots \\ y_{k,t-1} \end{pmatrix} + \cdots + A_p \begin{pmatrix} y_{1,t-p} \\ y_{2,t-p} \\ \cdots \\ y_{k,t-p} \end{pmatrix} + B \begin{pmatrix} x_{1,t} \\ x_{2,t} \\ \cdots \\ x_{k,t} \end{pmatrix} + \begin{pmatrix} \varepsilon_{1,t} \\ \varepsilon_{2,t} \\ \cdots \\ \varepsilon_{k,t} \end{pmatrix}$$

$$t = 1, 2, \cdots, T \tag{6.1}$$

其中，A_t 为系数矩阵，X_t 为外生变量，ε_t 为随机扰动项，该模型可在建模过程中简写为：

$$y_t = A_0 + A_1 y_{t-1} + \cdots + A_p y_{t-p} + B x_t + \varepsilon_t \qquad t = 1, 2, \cdots, T \qquad (6.2)$$

由于 VAR 模型能够探究变量与其滞后 p 阶的关系，即拟合结果能够给出 CBS 与其滞后一期 $CBS_{t}\text{-}1$ 的关系，因此不再重复将跨境人民币结算额滞后一期项纳入解释变量。

6.3 实证检验

6.3.1 滞后期选择与模型确定

依次对 VAR 模型进行滞后期检验，通过对比各滞后阶数下的信息准则数值，选取滞后阶数建立 VAR 模型。根据检验结果（如表 6.3 所示），滞后 2 阶和 3 阶带有的 * 数量相同，选择尽可能小的阶数，滞后阶数选为 2 阶，并对各阶系数的联合显著性进行检验，通过检验得到结论模型通过了联合显著性检验，所以建立 VAR（2）模型。

表 6.3　　　　　　　　　　滞后期检验结果

Lag	LL	LR	p	FPE	AIC	HQIC	SBIC
0	658. 304	—	—	9. 7e－15	－9. 56329	－9. 49367	－9. 39196
1	1413. 27	1509. 9	0. 000	3. 8e－19	－19. 7245	－19. 0979	－18. 1825
2	1594. 61	362. 69	0. 000	6. 7e－20	－21. 4501	－20. 2665 *	－18. 5375 *
3	1690. 85	192. 49	0. 000	4. 3e－20 *	－21. 9243 *	－20. 1837	－17. 6410
4	1751. 51	121. 32 *	0. 000	4. 7e－20	－21. 8752	－19. 5775	－16. 2212

注：* 表示在相应准则下的最优选择阶数。

对模型稳定性进行检验，用 Stata 软件画出 AR 单位根图。检验结果如图 6.1 所示，所有特征根均在单位圆内，说明变量稳定，并且通过观察发现其中一个特征根位于单位圆上，即该冲击具有较强的持续性。

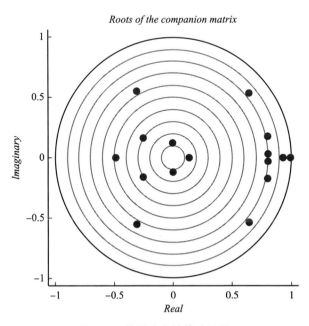

图 6.1 模型稳定性检验结果

6.3.2 脉冲响应分析

具体分析结果见第 4.5.2 小节。

6.4 实证研究结论

实证结果表明，DCEP 对人民币跨境支付体系具有显著的正向促进作用，特别是在货币的网络外部性效应、金融市场的发展以及跨境支付体系技术优化方面。这些影响不仅在短期内显现，而且预计将在长期内持续发挥作用。具体而言，货币的网络外部性效应作为 DCEP 发行的直接结果，通过增强人民币跨境支付网络的规模和密度，显著提升了跨境支付体系的效率和吸引力。此外，DCEP 的技术优化，尤其是在支付系统的安全性、透明度和效率方面的改进，也为人民币跨境支付体系的长期发展奠定了坚实的基础。

然而，实证结果也表明，DCEP 发行对货币体系的影响可能会增加跨境支付体系的不确定性变动。这种不确定性主要源于 DCEP 发行初期可能引发的市场预期调整、货币政策传导机制的变化以及国际货币体系的重新定位等因素。

此外还发现，进出口额的增加在短期内可能导致人民币跨境支付额下降，但这一影响并非持续性的。长期而言，随着贸易结构的优化和跨境支付技术的进一步改进，跨境支付额有望恢复增长。与此同时，通货膨胀对人民币跨境支付的发展构成了严重阻碍，在推进 CBDC 发行和跨境支付体系优化的同时，需密切关注宏观经济稳定性和货币价值的保障。

6.5　本章小结

本章研究了我国 DCEP 对跨境支付体系的影响。随着全球化加深和国际贸易增长，高效、安全的跨境支付系统变得至关重要。通过分析 2012 年 1 月至 2023 年 9 月的数据，研究采用向量自回归（VAR）模型，发现 DCEP 显著促进了人民币跨境支付体系的发展，尤其是通过增强货币的网络外部性效应、促进金融市场发展和支付体系技术优化，这些积极影响预计将在长期内持续。然而，DCEP 的发行也可能给跨境支付体系带来不确定性，尤其是在市场预期、货币政策传导机制变化及国际货币体系定位方面。此外，短期内进出口额的增加和通货膨胀可能对跨境支付产生负面影响。基于这些发现，建议加强 DCEP 的推广应用，促进金融市场和支付技术的发展，同时建立风险预警机制以管理不确定性，确保跨境支付体系的稳定运行。

第 7 章

央行数字货币重构银行五大体系的 DSGE 模型模拟分析

基于前面第 6 章的理论与实证分析，本章构建 DSGE 模型，包含家庭部门、厂商部门、商业银行、中央银行和国外部门等五大部门的两国动态随机一般均衡模型（DSGE）。

7.1　DSGE 模型构建

基本的假定为：世界由两个国家组成，在模型中，本研究将本国相关的变量脚标设置为 H，意为 Home，将外国相关的变量脚标设置为 F，意为 Foreign；每个国家由无数个家庭、无数个厂商、商业银行和 1 个中央银行组成，家庭和厂商均构成 [0，1] 上的连续统一；每个家庭除了消费本国产品外，还消费进口产品，每个中间产品厂商生产的产品除了供给本国居民消费外，还会出口到国外供给外国居民消费；资本是自由流动的，国际风险分担条件成立。

在该经济系统的设定中，两国典型家庭持有传统货币（包括银行存款）、央行数字货币、本国债券及外国债券，并向中间产品厂商提供劳动，且需要缴纳税收，家庭提供的劳动为同质劳动，即劳动力市场完全竞争；厂商分为生产中间产品与生产最终产品两类，中间产品厂商雇佣典型家庭所提供的劳动，每个最终产品厂商向中间产品厂商购买产品，并按照 CES 加总（constant elasticity of substitution aggregation）组装为最终产品向家庭销售；商业银行吸收典型家庭部门存款；中央银行制定货币政策，并决定央行数字货币的发行规则。

7.1.1　家庭部门模型设定

假设本国典型家庭的效用函数为

$$U_t = E_t \sum_{t=0}^{\infty} \beta^t \Big[\frac{C_t^{1-\sigma}}{1-\sigma} + \frac{(H_t/P_t)^{1-\rho_H}}{1-\rho_H} - \psi D_t^2 - \frac{N_t^{1+\varphi}}{1+\varphi} \Big] \tag{7.1}$$

其中，β 为本国典型家庭的效用贴现因子，C_t 与 N_t 表示 t 期典型家庭的消费和劳动，H_t 表示典型家庭 t 期所持有的货币包括现金和央行数字货币，σ、ρ、φ 分别表示消费、货币持有替代弹性和劳动供给 Frisch 弹性的倒数。

效用函数中消费项、货币项及劳动项均使用 CRRA 形式，能够较好地处理风险厌恶和边际效用递减的性质。由于央行数字货币的发行和流通，将使银行网点、柜台、机构等相关业务和人员撤并和裁减，同时人工智能、大数据、云计算等新技术会催生新业务及新服务模式，为了更好地衡量重塑后的金融服务体系效率，在家庭部门效用函数中添加银行物理网点柜台及其烦琐的业务流程所产生的负效应，以反映数字货币在支付上的便利性。因此，添加二次项 ψD_t^2 描述银行存款操作不便捷带来的效用损失随存款金额增加而非线性增加的情况，通过合理设置 ψ 的值，可以确保即使存款操作带来不便捷，整体的银行存款仍然是正效用，二次项设计让负效用的增加有上限，不至于使持有任何金额的银行存款都成为负效用。

本国典型家庭部门总消费是对本国产品的消费和对进口产品的消费由 CES 加总得到

$$C_t = \Big[(1-\alpha)^{\frac{1}{\eta}} C_{H_t}^{\frac{\eta-1}{\eta}} + \alpha^{\frac{1}{\eta}} C_{F_t}^{\frac{\eta-1}{\eta}} \Big]^{\frac{\eta}{\eta-1}} \tag{7.2}$$

其中，C_{H_t} 为 t 期对本国产品的消费，C_{F_t} 为 t 期对进口产品的消费，α 表示本国产品偏好（home bias），η 为本国产品与进口产品之间的替代弹性。

假设典型家庭对本国产品 f 的消费量为 $C_{H_t}(f)$，同样按照 CES 加总为总消费 C_{H_t}，对进口产品的消费按照同样的方法加总，即

$$C_{H_t} = \left[\int_0^1 C_{H_t}(f)^{\frac{\varepsilon-1}{\varepsilon}} \mathrm{d}f \right]^{\frac{\varepsilon}{\varepsilon-1}}, C_{F_t} = \left[\int_0^1 C_{F_t}(f)^{\frac{\varepsilon-1}{\varepsilon}} \mathrm{d}f \right]^{\frac{\varepsilon}{\varepsilon-1}} \tag{7.3}$$

其中，ε 表示本国/外国商品垄断竞争的替代弹性。

给定 $P_{H_t}(f)$，家庭对于 $C_{H_t}(f)$ 的优化决策问题为

$$\min \int_0^1 C_{H_t}(f) P_{H_t}(f) \mathrm{d}f \qquad \text{s. t. } C_{H_t} \tag{7.4}$$

求解该优化问题及类似的对于进口商品的优化决策问题可以得到

$$C_{H_t}(f) = \left(\frac{P_{H_t}(f)}{P_{H_t}} \right)^{-\varepsilon} C_{H_t}, \quad C_{F_t}(f) = \left(\frac{P_{F_t}(f)}{P_{F_t}} \right)^{-\varepsilon} C_{F_t} \tag{7.5}$$

设定 P_{H_t}、P_{F_t} 为本国和外国产品的平均价格，在约束条件为 C_t 的情况下最小化家庭期内消费支出 $P_{H_t}C_{H_t} + P_{F_t}C_{F_t}$，采用拉格朗日法求解得到如下一阶条件：

$$C_{H_t} = (1-\alpha)\left(\frac{P_{H_t}}{\lambda_{1t}} \right)^{-\eta} C_t, \quad C_{F_t} = \alpha \left(\frac{P_{F_t}}{\lambda_{1t}} \right)^{-\eta} C_t \tag{7.6}$$

其中，λ_{1t} 为拉格朗日乘子，将所求得的一阶条件代入总消费函数中可得，P_t 为国内总消费价格指数：

$$\lambda_{1t} = \left[(1-\alpha)P_{H_t}^{1-\eta} + \alpha P_{F_t}^{1-\eta} \right]^{\frac{1}{1-\eta}} = P_t \tag{7.7}$$

本国典型家庭的预算约束为

$$C_t + I_t + \frac{D_t}{P_t} + \frac{DC_t}{P_t} + \frac{M_t}{P_t} + B_{H_t} + \xi_t B_{F_t}$$

$$= \hat{W}_t N_t + R_t^k K_{t-1} + (1+i_{t-1})\frac{D_{t-1}}{P_t}$$

$$+ \frac{DC_{t-1}}{P_t} + \frac{M_{t-1}}{P_t} + (1+R_{t-1})\frac{B_{H_{t-1}}}{P_t}$$

$$+ (1+R_{t-1}^*)\xi_t \frac{B_{F_{t-1}}}{P_t} + J_t - T_t \tag{7.8}$$

其中，B_{H_t}、B_{F_t}分别表示 t 期末家庭的持有债券，i_t 表示 t 期的银行存款利率，ξ_t 为名义汇率（直接标价法），$\hat{W}_t$ 为工资指数，R_{t-1}、R_{t-1}^* 分别为本国、外国 $t-1$ 期时确定 t 期支付的名义利率，J_t 为 t 期时从厂商处获得的利润，T_t 为 t 期家庭缴纳的总税额，I_t 为家庭的投资，R_t^k 为生产性资本回报率，资本积累遵循

$$K_t = (1-\delta)K_{t-1} + I_t \tag{7.9}$$

在预算约束下，最大化典型家庭的效用函数，用拉格朗日法可求得家庭关于劳动、消费、货币需求、无套利条件和跨期欧拉方程：

$$C_t^{\sigma} N_t^{\psi} = \hat{W}_t \tag{7.10}$$

$$C_t^{-\sigma}\left(\frac{i_t - R_t}{R_{t+1}}\right) = 2\psi\frac{D_t}{P_t} \tag{7.11}$$

$$C_t^{-\sigma}\left(\frac{R_t}{R_{t+1}}\right) = \left(\frac{H_t}{P_t}\right)^{-\rho H} \tag{7.12}$$

$$\beta E_t \frac{C_{t+1}^{-\sigma}}{C_t^{-\sigma}}\frac{P_t}{P_{t+1}} = \frac{1}{1+R_t} \tag{7.13}$$

$$\beta E_t \frac{C_{t+1}^{-\sigma}}{C_t^{-\sigma}}\frac{P_t}{P_{t+1}}\frac{\xi_{t+1}}{\xi_t} = \frac{1}{1+R_t^*} \tag{7.14}$$

$$(1+R_t)\frac{P_t}{P_{t+1}} = R_{t+1}^k - \delta + 1 \tag{7.15}$$

7.1.2 厂商部门模型设定

在开放经济模型中，厂商定价货币选择与厂商优化结果密切相关，为了简化模型及突出研究重点央行数字货币，本研究采取生产商货币定价（producer currency price）方式。在 PCP 定价方式下，厂商只需要设定本国产品价格，出口价格根据一价定律设定即可，当汇率变动时，出口价格会变动相应的幅度，存在汇率完全传递。

（1）最终产品厂商模型设定。

假设本国最终产品厂商按照 CES 加总的方式将中间产品组装，则

$$Y_{H_t} = \left[\int_0^1 Y_{H_{I_t}}(f)^{\frac{\varepsilon-1}{\varepsilon}} \mathrm{d}f \right]^{\frac{\varepsilon}{\varepsilon-1}} \tag{7.16}$$

其中，$Y_{H_{I_t}}(f)$ 为本国中间品厂商向最终品厂商提供的中间产品，ε 表示中间品的替代弹性。在此约束下最大化厂商利润 $P_{H_t}Y_{H_t} - \int_0^1 P_{H_t}(f)Y_{H_{I_t}}(f)\mathrm{d}f$，得到一阶条件，即对中间品厂商的需求：

$$Y_{H_{I_t}}(f) = \left(\frac{P_{H_t}(f)}{P_{H_t}} \right)^{-\varepsilon} Y_{H_t} \tag{7.17}$$

且完全竞争厂商在均衡时利润为 0，因此将得到的一阶条件代回利润函数可得到最终产品价格指数：

$$P_{H_t} = \left[\int_0^1 P_{H_t}(f)^{1-\varepsilon}\mathrm{d}f \right]^{\frac{1}{1-\varepsilon}} \tag{7.18}$$

（2）中间品厂商模型设定。

假设本国中间品厂商雇佣劳动和生产性资本为生产要素：

$$Y_{I_t}(f) = A_t K_t(f)^\gamma N_t(f)^{1-\gamma} \tag{7.19}$$

其中，A_t 为技术水平，服从 $AR(1)$ 过程：$\log A_t - \log A = \rho_a(\log A_{t-1} - \log A) + \eta_t^a$，$\eta_t^a$ 为生产率冲击，$\eta_t^a \sim iid(0, \sigma_a^2)$；$K_t(f)$、$N_t(f)$ 分别是厂商生产中间品时的资本投入量和劳动投入量，γ 代表资本投入份额。

生产性资本与工资均从商业银行贷款，即 $L_t(f) = \hat{W}_t N_t(f) + (R_t^k - 1)K_t(f)$，贷款利率为 R_t^L。中间品厂商在生产函数的约束下进行成本最小化优化决策，设拉格朗日乘子为 λ_{2t}，采用拉格朗日法求解得到一阶条件分别代表劳动需求、资本需求及边际成本：

$$\hat{W}_t = MC_t^{(1-\gamma)} \frac{Y_{I_t}(f)}{(1+R_t^L)N_t(f)} \tag{7.20}$$

$$\hat{R}_t^k - 1 = MC_t^\gamma \frac{Y_{I_t}(f)}{(1+R_t^L)K_t(f)} \tag{7.21}$$

$$\left(\frac{1}{\gamma} \right)^\gamma \left(\frac{1}{1-\gamma} \right)^{1-\gamma} \frac{[(1+R_t^L)(\hat{R}_t^k-1)]^\gamma[(1+R_t^L)\hat{W}_t]^{1-\gamma}}{A_t} = MC_t \tag{7.22}$$

进一步引入黏性价格机制，假设本国中间产品厂商采取 Calvo 定价法实施定价决策，每个时间段内，只有一定比例的中间品厂商能够调整其价格，而其余中间品厂商则保持价格不变，这种定价机制导致即使在需求或供应发生变化时，整体价格水平也不能立即调整，从而可以产生价格和产出的短期非理性波动。本书将观察到冲击并进行价格调整的厂商比例设定为 $1-\theta$，保持价格不变的厂商比例则为 θ。那么本国中间品厂商的利润最大化问题就可以转变为定价决策问题，优化问题为在期内优化约束下最大化厂商利润：

$$\max \quad E_t \sum_{k=0}^{\infty} (\beta\theta)^k \frac{\lambda_{t+k}}{\lambda_t} \big[(\dot{P}_{H_t} - MC_{t+k} P_{t+k}) \dot{C}_{H_t+K} \big]$$

(7.23)

$$\text{s.t.} \quad \dot{C}_{H_t+K} = \left(\frac{\dot{P}_{H_t}}{P_{H_t+k}} \right)^{-\varepsilon} C_{H_t+k}$$

其中，$\dot{P}_{H_t}$ 代表中间品厂商观察到冲击设定的最优价格，λ_t 为家庭部门优化决策时的拉格朗日乘子代表消费的边际效用。

根据大数定律，本国的生产价格指数应满足：

$$P_{H_t}^{1-\varepsilon} = \theta P_{H_{t-1}}^{1-\varepsilon} + (1-\theta) \dot{P}_{H_t}^{1-\varepsilon}$$

(7.24)

7.1.3 商业银行部门模型设定

在构建商业银行部门模型时，首先需要明确商业银行的资产和负债结构。假设我国商业银行的资产端包括向中间品厂商的贷款（L_t）、传统货币银行存款的准备金（PD_t）和用于支付结算的央行数字货币（DC_{B_t}）。负债端包括存款（D_t）、家庭持有的央行数字货币（DC_t）与向中央银行申请的贷款（LC_t）。因此商业银行资产负债表的平衡条件可以表示为：

$$L_t + PD_t + DC_{B_t} = D_t + DC_t + LC_t$$

(7.25)

银行存款准备金率为 s，且从《中国数字人民币的研发进展白皮书》可知，数字人民币不计付利息，在这个过程中，商业银行扮演了数字人民币的分发和管理角色，数字人民币100%缴纳准备金。因此可以认为 $PD_t =$

sD_t，$DC_{B_t} = DC_t$。

另外，为了探究央行数字货币对银行间支付体系的影响，本研究引入央行数字货币的持有比例 v_t 来表示家庭意愿向商业银行兑换央行数字货币的程度。

$$DC_t = v_t D_t + (1 - v_t) H_t，\ v_t = \rho_v v_{t-1} + \eta_t，\ \eta_t \sim (0,\ \sigma_v) \qquad (7.26)$$

家庭对央行数字货币的持有意愿来自对上一期持有意愿的调整及央行数字货币的技术冲击，冲击服从正态分布。

在如上设定下，商业银行部门以资产负债表的平衡条件为约束，进行利润最大化优化决策，可以看出，商业银行部门的利润函数由厂商贷款利息和存款准备金利息减去存款利息和中央银行借款利息，以及商业银行放贷成本组成。

$$\max \quad E_t \sum_{k=0}^{\infty} \beta^k \frac{R_{t+k}^L L_{t+k} + R_{t+k}^D sD_{t+k} - i_{t+k} D_{t+k} - i_{t+k}^C LC_{t+k}}{P_{t+k}} - \kappa L_{t+k} \qquad (7.27)$$

拉格朗日法分别对贷款、银行存款及中央银行借款求一阶最优条件，得到

$$\kappa = \frac{R_t^L - i_t^C}{P^t}，\ i_t = sR_t^D + (1-s) i_t^C \qquad (7.28)$$

同样地，外国商业银行部门与本国类似得到资产负债表的均衡式、央行数字货币持有比例、最优利率设定等条件。

7.1.4　中央银行部门模型设定

中央银行的资产负债表包括政府债券（B_t）和向商业银行发放的贷款（LC_t）以及发行的货币，则资产负债表平衡条件为：

$$B_t + LC_t = DC_t + PD_t + M_t \qquad (7.29)$$

中央银行通过这些政策工具进行宏观经济调控：准备金率用来控制商业银行的法定准备金要求；贷款利率设定了向商业银行发放贷款的利率；调节数字货币的发行量以实施货币政策。而中央银行的目标通常包括维持价格稳定、促进经济增长和保持金融稳定，因此本国央行与外国央行均按照带利率平滑的泰勒规则实施货币政策：

$$\frac{R_t}{R} = \left(\frac{R_{t-1}}{R}\right)^{\rho_\gamma} \left[\left(\frac{Y_t}{\overline{Y}_t}\right)^{\phi_y}\left(\frac{P_t}{P_{t-1}}\right)^{\phi_\pi}\right]^{1-\rho_\gamma} \tag{7.30}$$

$$\frac{R_t^*}{R^*} = \left(\frac{R_{t-1}^*}{R^*}\right)^{\rho_\gamma} \left[\left(\frac{Y_t^*}{\overline{Y}_t^*}\right)^{\phi_y}\left(\frac{P_t^*}{P_{t-1}^*}\right)^{\phi_\pi}\right]^{1-\rho_\gamma} \tag{7.31}$$

为了更明显地模拟央行数字货币发行对动态系统带来的冲击与变化，本研究参考赵恒等（2022）的做法，引入广义货币供应量 $M2$，中央银行对广义货币供应量进行调控来匹配经济的增长，其与本国经济增长保持约束关系：

$$M2_t = \omega Y_t \tag{7.32}$$

广义货币供给由现金、央行数字货币及银行存款组成，设定货币乘数为 m，则有：

$$M2_t = m_t(DC_t + PD_t + M_t) = m_t D_t \left(\nu_t + \frac{M_t}{D_t} + s\right) \tag{7.33}$$

外国依照此分析进行类似的货币政策设定。

7.1.5 国外部门模型设定

本研究所建立的模型为两国开放经济模型，因此在模型中本国与国外为对称设定，对于家庭部门、厂商部门、商业银行部门及中央银行部门的分析与建模基本类似，故不再赘述分析。

外国家庭部门的设定与本国家庭部门对称，外国总消费由外国产品和本国产品 CES 加总，且各国产品也采用 CES 加总：

$$C_t^* = \left[(1-\alpha^*)^{\frac{1}{\eta}}(C_{F_t}^*)^{\frac{\eta-1}{\eta}} + \alpha^{*\frac{1}{\eta}}(C_{H_t}^*)^{\frac{\eta-1}{\eta}}\right]^{\frac{\eta}{\eta-1}} \tag{7.34}$$

$$C_{F_t}^* = \left[\int_0^1 C_{F_t}^*(f)^{\frac{\varepsilon-1}{\varepsilon}}\mathrm{d}f\right]^{\frac{\varepsilon}{\varepsilon-1}}, C_{H_t}^* = \left[\int_0^1 C_{H_t}^*(f)^{\frac{\varepsilon-1}{\varepsilon}}\mathrm{d}f\right]^{\frac{\varepsilon}{\varepsilon-1}} \tag{7.35}$$

在消费约束下最小化家庭期内消费支出得到一阶条件：

$$C_{F_t}^* = (1-\alpha)\left(\frac{P_{F_t}^*}{P_t^*}\right)^{-\eta}C_t^*, \quad C_{H_t}^* = \alpha\left(\frac{P_{H_t}^*}{P_t^*}\right)^{-\eta}C_t^* \tag{7.36}$$

其中 $P_t^* = \left[\alpha(P_{H_t}^*)^{1-\eta} + (1-\alpha)(P_{F_t}^*)^{1-\eta} \right]^{\frac{1}{1-\eta}}$ 为外国消费价格指数。

外国家庭根据效用函数及预算约束得到的跨期决策优化，关于消费、劳动、货币需求和欧拉方程为

$$(C_t^*)^\sigma (N_t^*)^\varphi = \frac{W_t^*}{P_t^*} \tag{7.37}$$

$$(C_t^*)^{-\sigma} \left(\frac{i_t^* - R_t^*}{R_{t+1}^*} \right) = 2\psi \frac{D_t^*}{P_t^*} \tag{7.38}$$

$$(C_t^*)^{-\sigma} \left(\frac{R_t^*}{R_{t+1}^*} \right) = \left(\frac{H_t^*}{P_t^*} \right)^{-\rho H} \tag{7.39}$$

$$\beta E_t \frac{C_{t+1}^{*-\sigma}}{C_t^{*-\sigma}} \frac{P_t^*}{P_{t+1}^*} = \frac{1}{1+R_t^*} \tag{7.40}$$

$$\beta E_t \frac{C_{t+1}^{*-\sigma}}{C_t^{*-\sigma}} \frac{P_t^*}{P_{t+1}^*} \frac{\xi_{t+1}}{\xi_t} = \frac{1}{1+R_t} \tag{7.41}$$

$$(1+R_t^*) \frac{P_t^*}{P_{t+1}^*} = R_{t+1}^{k*} - \delta + 1 \tag{7.42}$$

对于厂商部门，国外厂商部门具体分析与本国厂商部门相同，通过对最终品厂商及中间品厂商相关函数的设定，得到黏性价格下外国厂商的最优定价决策：

$$\dot{P}_{F_t}^* = \frac{\varepsilon}{\varepsilon-1} \frac{E \sum_{k=0}^{\infty} (\beta\theta)^k \frac{\lambda_{t+k}^*}{\lambda_t^*} MC_{t+k}^* P_{t+k}^* \left(\frac{\dot{P}_{F_t}^*}{P_{F_{t+k}}^*} \right)^{-\varepsilon} C_{F_{t+k}}^*}{E \sum_{k=0}^{\infty} (\beta\theta)^k \frac{\lambda_{t+k}^*}{\lambda_t^*} \left(\frac{\dot{P}_{F_t}^*}{P_{F_{t+k}}^*} \right)^{-\varepsilon} C_{F_{t+k}}^*} \tag{7.43}$$

$$(P_{F_t}^*)^{1-\varepsilon} = \theta(P_{F_t}^*)^{1-\varepsilon} + (1-\theta)(\dot{P}_{F_t}^*)^{1-\varepsilon} \tag{7.44}$$

7.1.6 市场出清条件

7.1.6.1 本国产品市场

本国厂商生产的产品全部用于本国居民及外国居民消费（出口），即

$$Y_t(f) = C_{H_t}(f) + C^*_{H_t}(f) \tag{7.45}$$

将本国及外国家庭期内优化决策所得到的一阶条件代入，即可得到

$$Y_t(f) = (1-\alpha)\left[\frac{P_{H_t}(f)}{P_{H_t}}\right]^{-\varepsilon}\left(\frac{P_{H_t}}{P_t}\right)^{-\eta}C_t + \alpha\left[\frac{P^*_{H_t}(f)}{P^*_{H_t}}\right]^{-\varepsilon}\left(\frac{P^*_{H_t}}{P^*_t}\right)^{-\eta}C^*_t \tag{7.46}$$

同理可得，外国厂商生产的产品用于外国居民消费及出口：

$$Y^*_t(f) = (1-\alpha)\left[\frac{P^*_{F_t}(f)}{P^*_{F_t}}\right]^{-\varepsilon}\left(\frac{P^*_{F_t}}{P^*_t}\right)^{-\eta}C^*_t + \alpha\left[\frac{P_{F_t}(f)}{P_{F_t}}\right]^{-\varepsilon}\left(\frac{P_{F_t}}{P_t}\right)^{-\eta}C_t \tag{7.47}$$

在黏性价格设定下，厂商定价采取 PCP 策略，结合本国及外国跨期决策所得到的跨期欧拉方程可得

$$\beta E_t \frac{(C^*_{t+1})^{-\sigma}}{(C^*_t)^{-\sigma}}\frac{P^*_t}{P^*_{t+1}} = \beta E_t \frac{C^{-\sigma}_{t+1}}{C^{-\sigma}_t}\frac{P_t}{P_{t+1}}\frac{\xi_{t+1}}{\xi_t} \tag{7.48}$$

整理可得

$$E_t \frac{(C^*_{t+1})^{-\sigma}}{(C_{t+1})^{-\sigma}}\frac{1}{\xi_{t+1}}\frac{P_{t+1}}{P^*_{t+1}} = E_t \frac{(C^*_t)^{-\sigma}}{C^{-\sigma}_t}\frac{P_t}{P^*_t}\frac{1}{\xi_t} \tag{7.49}$$

该组合只有期数不同，因此可赋值为常量，该常量与初始的债券持有量相关，假设常量为 1 时，则可化简为

$$\frac{(C^*_t)^{-\sigma}}{C^{-\sigma}_t} = \frac{\xi_t P^*_t}{P_t} = Q_t \tag{7.50}$$

得到国际风险分担条件（risk sharing condition），代表了一单位货币在本国消费和外国消费时得到的效用相同，当其为 1 时两国人均消费相等，而 Q_t 为 1 的成立条件即为一价定律成立，也就是本书所设定的厂商定价规则下 $P_{H_t} = P^*_{H_t}\xi_t$ 且 $P_{F_t} = P^*_{F_t}\xi_t$，在这种情况下 $\alpha = 1/2$，即完全贸易开放度。

因此加总均衡条件可得

$$Y_t = \left[(1-\alpha)\left(\frac{P_{H_t}}{P_t}\right)^{-\eta}C_t + \alpha\left(\frac{P^*_{H_t}}{P^*_t}\right)^{-\eta}C^*_t\right]V_{H_t},$$

$$V_{H_t} = \int_0^1 \left[\frac{P_{H_t}(f)}{P_{H_t}}\right]^{-\varepsilon}\mathrm{d}f \tag{7.51}$$

$$Y_t = \left[(1-\alpha)\left(\frac{P^*_{F_t}}{P^*_t}\right)^{-\eta}C^*_t + \alpha\left(\frac{P_{F_t}}{P_t}\right)^{-\eta}C_t\right]V^*_{F_t},$$

$$V_{F_t}^* = \int_0^1 \left[\frac{P_{F_t}^*(f)}{P_{F_t}^*} \right]^{-\varepsilon} \mathrm{d}f \tag{7.52}$$

其中，V_{H_t}、$V_{F_t}^*$ 分别为本国产品和外国产品的价格分散度，两国产品价格分散度可用递归方程描述：

$$V_{H_t} = \theta \Pi_{H_t}^\varepsilon V_{H_{t-1}} + (1-\theta)\left(\frac{\dot{P}_{H_t}}{P_{H_t}}\right)^{-\varepsilon}, \quad \Pi_{H_t} = \frac{P_{H_t}}{P_{H_{t-1}}} \tag{7.53}$$

$$V_{F_t}^* = \theta (\Pi_{F_t}^*)^\varepsilon V_{F_{t-1}}^* + (1-\theta)\left(\frac{\dot{P}_{F_t}^*}{P_{F_t}^*}\right)^{-\varepsilon}, \quad \Pi_{F_t}^* = \frac{P_{F_t}^*}{P_{F_{t-1}}^*} \tag{7.54}$$

将价格指数代入，可得

$$(1-\alpha)\left(\frac{P_{H_t}}{P_t}\right)^{1-\eta} + \alpha \left(\frac{P_{F_t}^* \xi_t}{P_t}\right)^{1-\eta} = 1 \tag{7.55}$$

$$(1-\alpha)\left(\frac{P_{F_t}^*}{P_t^*}\right)^{1-\eta} + \alpha \left(\frac{P_{H_t}}{P_t^* \xi_t}\right)^{1-\eta} = 1 \tag{7.56}$$

7.1.6.2 劳动力市场

劳动力市场均衡时，本国及外国劳动力表达式为

$$N_t = N_t(f), \quad N_t^* = N_t^*(f) \tag{7.57}$$

7.1.6.3 债券市场

债券市场均衡时，本国及外国均衡条件如下：

$$B_t = B_{H_t} + B_{H_t}^*, \quad B_t^* = B_{F_t}^* + B_{F_t} \tag{7.58}$$

7.1.6.4 模型稳态

在对称开放经济模型中，稳态时，所有产品在两国以相同的价格出售，即

$$P_H = P_F = \xi P_H^* = \xi P_F^* = \xi P^* \tag{7.59}$$

结合两国消费价格指数得到 $P = \xi P^*$，即购买力平价成立，进而实际汇率为 1，根据国际风险分担条件有 $C = C^*$。

7.2　动态模拟分析

7.2.1　参数校准

对于已建立的开放经济 DSGE 模型中的参数校准，由于本研究主要针对央行数字货币发行对于银行体系的整体影响，因此参数取值主要基于现有的研究基础。

根据现有的相关研究文献数据校准，家庭部门及厂商部门的贴现因子设定差异较小，取值多在 0.98 ~ 0.99，如花秋玲（2023）等将其设定为 0.99，吴化斌等（2011）设定为 0.98，杜清源等（2005）设定为 0.984，故本书将主观贴现因子参数设定为 0.99。消费替代弹性参数往往取值大不相同，因其存在地区或国家消费差异，但文献取值均大于 1，本研究参考黄炎龙等（2011）及易昌军（2024）将其取值设定为 2.00。劳动供给弹性倒数取值分布在 0.5 ~ 6.5，如杨源源等（2019）、石建勋（2022）、科埃略等（Coelho et al.，2010）等，本书将参数取值校准为 1.00。银行物理网点及其烦琐操作带来的效用损失度直接的文献引用较少，但可以参考相关银行效率和操作成本的研究。根据《中国数字人民币的研发进展白皮书》的研究，设定银行存款操作不便捷带来的效用损失系数为 0.01。银行存款持有的弹性系数参考陆前进等（2024）设定为 0.5；央行数字货币持有的替代弹性参考麦肯锡公司（McKinsey & Company）调研报告及《中国数字人民币的研发进展白皮书》的相关研究，将数字货币持有的弹性系数设定为 0.8，以反映数字货币在中国的逐步推广和接受程度。现金持有的弹性系数参考金曼（Jin，2018）的设定为 0.3；资本折旧率取值为 0.035；中间产品替代弹性参数参考李向阳（2018）的取值为 11；生产函数中资本份额赋值为 0.45，相应的劳动份额则为 0.55；价格黏性的厂商比例取值在 0.6 ~ 0.75，陈昆亭等（2006）取值为

0.6，加利（Gali，2005）取值为 0.75，本书校准该参数赋值为 0.75；参照许伟、陈斌开（2009）的研究，技术冲击自回归系数和生产率冲击标准差分别取值为 0.7809、0.0203；央行数字货币持有比例自相关系数设为 0.8，其技术冲击标准差设为 0.01，该设定参考姚前（2019）的研究；存款准备金率按照加利（Gali，2005）的设定赋值为 0.15；放贷成本系数通过参考《中国银行业年度发展报告》及克里斯蒂安（Christiano，2014）赋值为 0.05；利率平滑系数设定为较强的利率平滑，赋值 0.8；产出缺口反应系数及通胀反应系数参考李志辉（2018）、李向阳（2018）的赋值为 0.2 及 1.5。本书所构建的开放经济两国模型中本国与外国对称，故外国其他参数取值与本国相同，模型参数及其取值如表 7.1 所示。

表 7.1 模型参数校准

参数	参数含义	取值
β	主观贴现因子	0.99
σ	消费替代弹性	2.00
φ	劳动供给弹性倒数	1.00
ρ_a	技术冲击自回归系数	0.7809
σ_a	生产率冲击标准差	0.0203
ρ_H	货币持有替代弹性	0.30
ψ	效用损失度	0.01
γ	生产函数中资本份额	0.45
ε	中间产品替代弹性	11.00
θ	价格黏性厂商比例	0.75
δ	资本折旧率	0.035
ρ_v	央行数字货币持有比例自相关系数	0.8
σ_v	央行数字货币技术冲击标准差	0.01
s	存款准备金率	0.15
κ	放贷成本系数	0.05

续表

参数	参数含义	取值
ρ_r	利率平滑系数	0.8
ϕ_y	产出缺口反应系数	0.2
ϕ_π	通胀反应系数	1.5
ω	广义货币对应产出系数	3.28
α	贸易开放度	0.5
η	进口产品替代弹性	1.5

7.2.2　脉冲响应分析

图 7.1 显示了一个单位标准差正向央行数字货币技术冲击对关键内生变量的 25 期脉冲响应结果。

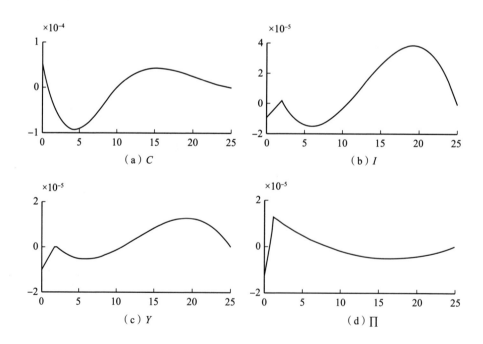

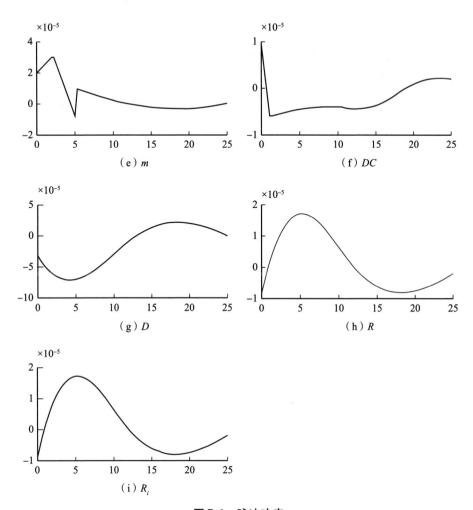

图 7.1　脉冲响应

　　首先，消费（C）的响应曲线显示在技术冲击发生后，消费水平短期内会受到压制，呈现初步下降的趋势。这可以归因于消费者对新型货币形式的不确定性预期，导致短期内消费需求的暂时性减少。其次，随着市场对央行数字货币的逐步接受与信心的恢复，消费逐渐回升，并在中期内出现超调。这种超调现象表明，央行数字货币可能会通过改善支付效率、降低交易成本等方式刺激消费支出。

投资（I）和产出（Y）的曲线表现出较为相似的特征，即在技术冲击发生后，均经历了初期的负面波动，随后逐渐趋于正向增长。波动表明央行数字货币的引入在短期内可能导致企业在资本支出上的不确定性增大，进而抑制投资活动。然而，随着相关金融基础设施的完善，企业更高效地进行资金配置，从而推动了产出水平的提升。这与关于技术进步带动生产率提升的理论一致，特别是当技术进步能够优化货币流通机制时，其对产出的长期促进作用更为显著。

通货膨胀（Π）的脉冲响应表明，技术冲击在短期内可能会导致物价水平的上涨。这种现象出现可能源于央行数字货币的引入会引发货币的流通速度加快，导致短期内货币需求增加，从而对物价水平产生上行压力。然而，随着经济系统的逐步调整，通胀压力趋于缓解，表明央行数字货币的影响逐渐被宏观经济调控所吸收中和。

货币乘数（m）与央行数字货币（DC）的脉冲响应曲线体现了银行体系对央行数字货币技术冲击的敏感反应。在发生冲击后的强烈波动反映了市场在面对新型货币形式时的适应过程，货币乘数曲线在前期波动较大，但随着市场对央行数字货币的信心逐渐稳定，货币乘数也逐渐趋于平稳，这也进一步表明了银行体系及金融系统逐步整合了央行数字货币的流通机制。

银行存款（D）的脉冲响应表现为在央行数字货币引入后，银行存款出现显著下降，这反映了 y 央行数字货币对传统银行存款业务的替代效应。由于央行数字货币直接为公众提供了更为便利的货币形式，部分存款从传统银行体系流出转向央行数字货币，对银行的资金来源构成了直接挑战。

整体利率水平（R）和银行存款利率（R_i）的脉冲响应表现则体现了利率市场的波动情况。在央行数字货币逐渐引入的经济环境下，传统货币政策工具的有效性可能受到削弱，尤其是当公众持有央行数字货币的比例增加时，传统银行体系的流动性调节机制可能面临失灵风险。这也意味着央行在数字货币时代需要适当发展新的政策工具，以有效应对利率的波动和市场需求的变化。

该结果也揭示了：引入央行数字货币在一定时期内推动了投资和消费的

增长，提升了总体产出水平，这也验证了央行数字货币对银行五大体系进行了重塑，并产生了积极效应。同时，央行数字货币对银行存款的替代效应较为有限，长期来看并不会导致银行存款完全流出银行体系，也就是存款挤兑的风险相对较小。

从建模所涉及的五个部门来看，首先，消费和投资水平的提升伴随着价格水平的下降，这无疑提高了家庭部门和厂商部门的整体效用水平。而资金融通和金融服务效率与家庭及厂商的效用水平正相关，因此不难推测央行数字货币的发行也提高了资金融通体系和金融服务体系的效率。其次，总体产出水平的上升导致货币总量增加带动了银行存款总量的增长。尽管利率水平有所下降，但其下降幅度小于产出上升的幅度，因此商业银行的利润水平也得到了提升。最后，流通中的央行数字货币总量整体来看呈现增加的趋势，结合中央银行的模型设置可以看出外汇储备水平是上升的，故厂商部门在国外的收入会增加，也即国内银行间支付体系效率和人民币国际支付体系效率会得到提升。

另外，从货币供给的角度来看，央行数字货币的引入使货币政策的传导机制发生了变化。传统的货币乘数效应在数字货币环境下可能减弱，因为央行数字货币能够直接影响到公众的货币持有行为，而不再完全依赖于商业银行的信用创造，这一变化可能会削弱传统商业银行的功能。此外，它也可能通过降低交易成本、提高支付效率和透明度，对经济活动及整个银行系统的更新迭代产生促进作用。但与此同时也伴随着一定的风险，例如对银行体系的冲击和潜在的金融脱媒效应。为了应对这些挑战，中央银行需要进一步深入调整货币政策框架、探索新的调控工具，以期能够在数字货币时代维护银行体系稳固、金融稳定和经济增长。

7.3　本章小结

本章主要通过构建包含家庭部门、厂商部门、商业银行、中央银行和国外部门的动态随机一般均衡（DSGE）模型，深入分析了央行数字货币对银行五大体系及宏观经济的影响。首先，本章详细设定了各经济主体的行为模型及其相互作用，通过分析求得模型稳态和最优行为，随后为了确保模型的现实适用性进行了参数校准。使用 Matlab 软件的 dynare 工具箱得到了央行数字货币对主要关键内生变量（包括消费、投资、产出、通货膨胀、货币乘数等）的脉冲响应结果。模拟结果显示，央行数字货币的引入在短期内可能对消费和投资产生初步抑制作用，但随着市场的适应与银行体系的整合，这些变量表现出正向增长趋势，最终推动了总体产出水平的提升。同时，尽管央行数字货币对银行存款业务产生了一定的替代效应，但其影响有限，并不会导致银行存款的大规模流失。此外，本章的研究还表明，央行数字货币的发行有助于重塑银行五大体系，并对其产生积极的正面效应。通过这些分析，本章为研究央行数字货币对银行五大体系的重塑影响提供了强有力的模型支持。

第 8 章
结论与建议

8.1 研究结论

理论分析表明，央行数字货币的全面发行会分别影响银行系统的资金融通体系、金融服务体系、银行间支付体系、信用货币创造体系和全球跨境支付体系。对于资金融通体系来说，央行数字货币会分别通过替代流通中的纸币、硬币以及纸质票据产生积极的影响，包括减少金融犯罪、优化发行流程等，并对银行的储蓄存款造成一定程度的冲击引发脱媒；对金融服务体系来说，线下物理网点及柜台的撤并可能倒逼银行进行体制结构优化，并伴随着人工智能、金融科技的发展产生新业务、新服务；对银行间支付体系来说，信用卡及汇兑等中间业务逐渐消失，大额实时和小额批量支付系统得到进一步升级，商业银行和第三方支付的利润空间被挤压，但是也会被纳入新的支付体系重新进行定位；对信用货币创造体系来说，信用结构和货币结构的变化会导致信用货币创造和货币调控的主导权从商业银行转移到中央银行，大大增强了中央银行的宏观调控能力和货币创造能力；对全球跨境支付系统来说，更广泛更开放、拥有更多的话语权是必然之势，央行数字货币有望进一步拓展人民币国际化支付的世界货币角色，助力全球跨境支付体系变革与人民币国际化。

模型仿真结果表明：央行数字货币的引入在短期内可能对消费和投资产生初步抑制作用，但随着市场的适应与银行体系的整合，这些变量表现出正向增长趋势，最终推动了总体产出水平的提升。同时，尽管央行数字货币对银行存款业务产生了一定的替代效应，但其影响有限，并不会导致银行存款的大规模流失，而传统的货币乘数效应在数字货币环境下可能减弱，因为央行数字货币能够直接影响公众的货币持有行为，而不再完全依赖于商业银行的信用创造，这一变化可能会削弱传统商业银行的功能，利率市场的波动情况也显示出传统货币政策工具的有效性受到削弱的可能性，传统银行体系的流动性调节机制可能面临失灵风险。

但总体来说，央行数字货币的发行有助于重塑银行五大体系，使得货币政策传导更顺畅、金融监管更有力，助力银行系统进行技术升级和产业结构优化，完成降本提质增效，为全社会提供更高的经济效能。

8.2　政策建议

本研究提出下列相关建议：

（1）加快金融科技创新，完成银行数字化转型。强化金融科技研发投入，吸引和培养跨学科的金融科技人才，在银行内部或合作建立金融科技创新实验室和孵化器，形成"产学研用"相结合的创新生态；推动数字化基础设施建设，为数字化转型提供坚实的数据基础，构建开放共享的金融服务生态；深化金融产品与服务创新，加强金融监管科技应用。对商业银行来说，央行数字货币所带来的新技术、新业务等不仅仅是挑战，更是完成数字化转型的催化剂，金融科技为央行数字货币的发行流通提供了技术上的可行性和基础设施的支持，数字化能力在商业银行竞争中的重要性明显提升，要想把握住迎面而来的历史机遇，商业银行必须加快金融科技创新，尽早完成数字化转型。

（2）逐步扩大试点范围，助力央行数字货币全面落地。深化现有试点区域的探索，优化试点场景，进一步丰富和深化数字货币的应用场景，全面检验央行数字货币的实用性和便捷性，建立高效的反馈机制，持续优化用户体验；有序拓展试点区域，根据试点效果评估结果，分阶段、有步骤地向更多城市或地区拓展试点范围，并且针对不同地区制定差异化的方案和推广策略；加强与政府部门、金融机构、科技企业及第三方支付平台等的跨领域合作，形成合力，加速央行数字货币的普及；积极参与国际数字货币领域的交流与合作，借鉴国际先进经验，同时探索数字人民币在跨境支付、国际贸易等领域的应用潜力，提升我国央行数字货币的国际竞争力。

（3）完善法律监管体系，防范重大金融风险。加强法律基础建设，明确央行数字货币作为法定货币所具有的权威性、发行与流通的合法性等，为其全面应用奠定坚实的法律基础；针对央行数字货币的特殊性，制定专门的法律法规或实施细则，明确其发行、流通、兑换、保管、反洗钱、反恐怖融资等方面的具体规定，确保合规运行；与国际接轨，充分考虑国际数字货币发展的趋势和规则，加强与国际金融组织和相关国家的沟通协调，推动构建国际统一的数字货币监管标准；构建多层次的全面监管架构，构建包括中央银行、金融监管机构、行业自律组织等在内的多层次监管体系，明确各层级监管职责和权限，形成监管合力；强化风险预警与应对机制，实时监测运行中的异常情况，及时评估潜在风险并制定应对措施；积极探索"监管沙盒"等创新监管模式，在保障安全的前提下为央行数字货币相关的金融创新提供测试空间和容错机制，鼓励金融机构和技术企业积极参与创新实践。

参考文献

［1］ 巴曙松，姚舜达．2021．央行数字货币体系构建对金融系统的影响［J］．金融论坛，26（4）：3－10．

［2］ 宾建成，雷迪凯．2017．数字货币发行对我国金融业发展的影响及对策［J］．湖湘论坛，30（3）：98－102．

［3］ 陈华，巩孝康．2021．我国央行数字货币问题研究［J］．学术交流，（2）：118－131．

［4］ 陈昆亭，龚六堂．2006．粘滞价格模型以及对中国经济的数值模拟：对基本 RBC 模型的改进［J］．数量经济技术经济研究，（8）：106－117．

［5］ 崔婕，孙志岳．2024．法定数字货币对商业银行风险承担的影响［J］．金融经济学研究，39（2）：168－186．

［6］ 杜清源，龚六堂．2005．带"金融加速器"的 RBC 模型［J］．金融研究，（4）：16－30．

［7］ 范晓波．2024．央行数字货币跨境支付的法律挑战与监管协调路径研究［J/OL］．政法论坛，（2024－1－12）［2024－11－04］．http：//kns.cnki.net/kcms/detail/11.5608.d.20241101.1056.010.html.

［8］ 郭艳，王立荣，张琴．2020．中央银行法定数字货币：结构与功能［J］．经济研究参考，（1）：46－57，69．

［9］ 郝毅．2019．法定数字货币发展的国别经验及我国商业银行应对之策［J］．国际金融，（2）：73－80．

[10] 何冬昕. 2020. 我国央行数字货币及其发展展望 [J]. 宏观经济管理, (12): 24 - 30.

[11] 胡可. 2020. 我国央行数字货币与其他支付方式的区别、优势及影响 [J]. 中国产经, (6): 170 - 172.

[12] 胡坤. 2021. 零售型央行数字货币的实践难点: 基于数字人民币 "红包" 实验的思考 [J]. 经济学家, (6): 42 - 52.

[13] 花秋玲, 史永东, 邹新琦, 等. 2023. 央行数字货币与货币政策效应: 基于开放经济体的 DSGE 模型 [J]. 国际金融研究, (7): 37 - 49.

[14] 黄祥钟, 陈铭. 2021. 利率分层制度下央行数字货币利率的设计与政策含义 [J]. 金融经济学研究, 36 (4): 3 - 15.

[15] 黄炎龙, 陈伟忠, 龚六堂. 2011. 汇率的稳定性与最优货币政策 [J]. 金融研究, (11): 1 - 17.

[16] 黄益平. 2021. 数字人民币的机会与局限 [J]. 清华金融评论, (3): 28 - 30.

[17] 季伟明. 2024. 数字货币发展面临的问题与制度保障策略 [J]. 中阿科技论坛 (中英文), (10): 146 - 150.

[18] 江洁, 廖茂林. 2019. 数字货币冲击与商业银行的应对策略 [J]. 银行家, (12): 102 - 104.

[19] 焦瑾璞, 孙天琦, 黄亭亭, 等. 2015. 数字货币与普惠金融发展: 理论框架、国际实践与监管体系 [J]. 金融监管研究, (7): 19 - 35.

[20] 解佳琛. 2024. 数字人民币背景下商业银行的数字化转型研究 [J]. 商展经济, (19): 79 - 82.

[21] 金曼. 2024. 数字人民币的私法定位及归属 [J]. 中国流通经济, 38 (9): 116 - 126.

[22] 蓝天, 庞春阳, 肖晶, 等. 2021. 法定数字货币、前瞻条件触发与货币政策传导 [J]. 南方金融, (2): 38 - 52.

[23] 黎月, 赵珮锟, 赵晓霞. 2024. 数字人民币发展与应用研究 [J]. 上海立信会计金融学院学报, 36 (1): 3 - 20.

［24］李宝庆，王晓军，欧皓楠，等．2023．央行数字货币发行对货币政策的影响研究［J］．西部金融，(11)：10－16.

［25］李向阳．2018．"一带一路"：区域主义还是多边主义？［J］．世界经济与政治，(3)：34－46，156.

［26］李拯，唐剑宇．2021．比特币、Libra 和央行数字货币的比较研究［J］．中国市场，(7)：13－17.

［27］李志辉，王文刚，王近．2018．银行信贷行为顺周期性形成机制研究：基于 DSGE 模型的分析［J］．南开学报（哲学社会科学版），(4)：1－11.

［28］刘东民，宋爽．2020．数字货币、跨境支付与国际货币体系变革［J］．金融论坛，25(11)：3－10.

［29］刘晓蕾，马长宙，董博文，等．2024．利率走廊下的央行数字货币研究：基于新货币主义理论与中国现实的探讨［J］．管理世界，40(3)：74－93，109－137.

［30］刘震，徐宝亮，朱衡．2024．央行数字货币支付技术进步与应用场景扩大的宏观经济效应［J］．中央财经大学学报，(8)：26－43.

［31］陆前进，武磊．2024．开放经济动态随机一般均衡模型下最优货币政策和货币状况指数研究：基于 1992—2022 年中国数据的理论和实证分析［J］．中央财经大学学报，(5)：35－52.

［32］吕江林，郭珺莹，张斓弘．2020．央行数字货币的宏观经济与金融效应研究［J］．金融经济学研究，35(1)：3－19.

［33］穆长春，狄刚．2019．法定数字货币双层运营体系的设计与实现［Z］．2019－10－1.

［34］穆杰．2020．央行推行法定数字货币 DCEP 的机遇、挑战及展望［J］．经济学家，(3)：95－105.

［35］欧文·费雪．2021．货币的购买力：它的决定及其与信贷、利率和危机的关系［M］．张辑，译．北京：商务印书馆．

［36］戚聿东，褚席．2019．数字经济视阈下法定数字货币的经济效益与风险防范［J］．改革，(11)：52－62.

[37] 戚聿东，刘欢欢，肖旭．2021．数字货币与国际货币体系变革及人民币国际化新机遇 [J]．武汉大学学报（哲学社会科学版），74（5）：105－118．

[38] 齐志远．2021．央行数字货币 DCEP 的本质论析：基于马克思的货币职能理论 [J]．当代经济管理，43（1）：92－97．

[39] 乔海曙，王鹏，谢姗姗．2018．法定数字货币：发行逻辑与替代效应 [J]．南方金融，（3）：71－77．

[40] 邱勋．2017．中国央行发行数字货币：路径、问题及其应对策略 [J]．西南金融，（3）：14－20．

[41] 石建勋，江鸿．2022．数字人民币对商业银行利润的影响研究：基于 DSGE 模型的分析 [J]．经济问题探索，（8）：166－181．

[42] 孙国峰，何晓贝．2017．存款利率零下限与负利率传导机制 [J]．经济研究，52（12）：105－118．

[43] 王博，赵真真．2022．央行数字货币发行对居民消费效用的影响 [J]．现代财经（天津财经大学学报），42（1）：34－49．

[44] 王鹏，边文龙，纪洋．2022．中国央行数字货币的微观需求与"金融脱媒"风险 [J]．经济学（季刊），22（6）：1847－1868．

[45] 王青，钱昕舟．2023．基于央行数字货币的全球跨境支付体系优化探索 [J]．新金融，（3）：35－42．

[46] 韦念妤，韦继强．2021．法定数字货币发行对我国货币政策传导机制的影响 [J]．银行家，（11）：130－134．

[47] 邬瑜骏．2020．数字货币或成商业银行转型升级关键路径 [J]．现代商业银行，（13）：32－39．

[48] 吴化斌，许志伟，胡永刚，等．2011．消息冲击下的财政政策及其宏观影响 [J]．管理世界，（9）：26－39．

[49] 吴濮燕，焦海容，杨亦诚，等．2024．数字经济时代数字人民币的发展路径研究：与第三方支付比较分析 [J]．中国商论，33（17）：51－54．

［50］吴婷婷，王俊鹏．2020．我国央行发行数字货币：影响、问题及对策［J］．西南金融，（7）：25－37．

［51］向坤，王公博．2021．央行法定数字货币发行的驱动力、影响推演及政策建议［J］．财经问题研究，（1）：64－73．

［52］谢星，封思贤．2019．法定数字货币对我国货币政策影响的理论研究［J］．经济学家，（9）：54－63．

［53］谢星，封思贤．2020．法定数字货币对宏观经济的影响机理分析：基于中国不同试点阶段的研究［J］．现代经济探讨，（11）：82－88．

［54］谢星，张勇，封思贤．2020．法定数字货币的宏观经济效应研究［J］．财贸经济，41（10）：147－161．

［55］徐忠，汤莹玮，林雪．2016．央行数字货币理论探讨［J］．中国金融，（17）：33－34．

［56］徐忠，姚前．2016．数字票据交易平台初步方案［J］．中国金融，（17）：31－33．

［57］许伟，陈斌开．2009．银行信贷与中国经济波动：1993—2005［J］．经济学（季刊），8（3）：969－994．

［58］薛新红，邹银燕，王忠诚．2024．跨境支付的新航道：多边数字货币桥框架建设与数字人民币国际合作［J］．上海经济研究，（2）：95－110．

［59］杨源源，于津平．2019．逆全球化背景下中国贸易政策取向选择：基于DSGE模型的动态模拟分析［J］．南开经济研究，（1）：100－116．

［60］姚前．2016a．中国版数字货币设计考量［J］．中国金融，（12）：26－27．

［61］姚前．2016b．中国法定数字货币原型构想［J］．中国金融，（17）：13－15．

［62］姚前．2017．数字货币与银行账户［J］．清华金融评论，（7）：63－67．

［63］姚前．2018．法定数字货币对现行货币体制的优化及其发行设计［J］．国际金融研究，（4）：3－11．

［64］姚前．2019．法定数字货币的经济效应分析：理论与实证［J］．国际金

融研究，(1)：16 –27.

[65] 易昌军. 2024. 开放经济条件下央行数字货币对货币政策的影响研究：基于动态随机一般均衡（DSGE）模型 [J]. 海南金融，(1)：4 –24.

[66] 于博，叶子豪. 2021. 主权数字货币发行、货币政策连续性与宏观经济波动：基于动态随机一般均衡理论 [J]. 陕西师范大学学报（哲学社会科学版），50（4）：133 –148.

[67] 袁本祥. 2023. 中国跨境支付清算体系变革新路径：基于数字人民币的思考 [J]. 新金融，(10)：58 –63.

[68] 约翰·梅纳德·凯恩斯. 1999. 就业、利息和货币通论 [M]. 高鸿业，译. 北京：商务印书馆.

[69] 张成思，尹学钰，刘泽豪. 2021. 信用货币创造机制的历史演进逻辑 [J/OL]. 中国人民大学国际货币研究所工作论文，(2021 – 8 – 20) [2021 – 8 – 20]. http：//www. imi. ruc. edu. cn/docs/2021-08/e58d4473 becX541e299b0251e1fcd6dd7. pdf.

[70] 张静波. 2024. 数字货币与区块链技术在金融交易中的应用研究 [J]. 对外经贸，(9)：46 –49，58.

[71] 张伟，董伟，张丰麒. 2019. 中央银行数字货币对支付、货币政策和金融稳定的影响 [J]. 上海金融，(1)：59 –63，77.

[72] 赵恒，周延. 2022. 央行数字货币对货币结构与经济增长的影响效应研究 [J]. 国际金融研究，(6)：32 –43.

[73] 赵恒，周延. 2022. 央行数字货币发行规模与计息规则的宏观经济效应：基于 DSGE 模型的模拟分析 [J]. 金融论坛，27（7）：12 –21.

[74] 赵忠秀，刘恒. 2021. 数字货币、贸易结算创新与国际货币体系改善 [J]. 经济与管理评论，37（3）：44 –57.

[75] 中国人民银行数字人民币研发工作组. 2021. 中国数字人民币的研发进展白皮书 [R/OL]. (2021 – 7 – 16) [2021 – 7 – 16]. https：//www. gov. cn/xinwen/2021-7/16/5625569/files/e944faf39ea34d46a256c2095fefeaab. pdf.

［76］钟红，于梦扬．2023．央行数字货币对全球跨境支付体系的影响［J］．新金融，（10）：44－50．

［77］周永林．2017．央行数字货币 RMBCoin 实现模式探讨［EB//OL］．（2017－1－21）［2017－1－23］．https：//zhuanlan. zhihu. com/p/24995544．

［78］朱巧玲，张昆．2024．央行数字货币改善跨境支付：现实挑战与制度弥合［J/OL］．改革与战略：1－14［2024－03－21］．http：//kns. cnki. net/kcms/detail/45. 1006. C. 20231129. 1108. 002. html．

［79］邹传伟．2018．泡沫与机遇：数字加密货币和区块链金融的九个经济学问题［J］．金融会计，（3）：5－18．

［80］邹传伟．2019．区块链与金融基础设施：兼论 Libra 项目的风险与监管［J］．金融监管研究，（7）：18－33．

［81］ADAMA M, BOLDRIN L, OHLHAUSEN R, et al. 2021. An Integrated Approach for Electronic Identification and Central Bank Digital Currencies［J］. Journal of Payments Strategy & Systems, 15（3）：287－304.

［82］AGUR I, ARI A, DELL' ARICCIA G. 2022. Designing Central Bank Digital Currencies［J］. Journal of Monetary Economics, 125：62－79.

［83］ANDOLFATTO D. 2018. Blockchain：What It Is, What It Does, and Why You Probably Don't Need One［J］. Review, 100（2）：87－95.

［84］ANDOLFATTO D. 2021. Assessing the Impact of Central Bank Digital Currency on Private Banks［J］. The Economic Journal, 131（634）：525－540.

［85］BARRDEAR J, KUMHOF M. 2022. The Macroeconomics of Central Bank Digital Currencies［J］. Journal of Economic Dynamics & Control,（142）：1109－1128.

［86］BECH M, GARRATT R. 2018. Criptomonedas De Bancos Centrales［J］. Boletín del CEMLA, 64（1）：99－119.

［87］BINDSEIL U. 2019. Central Bank Digital Currency：Financial System Implications and Control［J］. International Journal of Political Economy, 48

(4): 303 – 335.

[88] BIRCH D. 2020. The Currency Cold War: Cash and Cryptography, Hash Rates and Hegemony [M]. London: London Publishing Partnership.

[89] BORDO M D, LEVIN A T. 2017. Central Bank Digital Currency and the Future of Monetary Policy [R]. NBER Working Paper, 25485. http://www.nber.org/papers/w23711.pdf.

[90] BORDO M D, LEVIN A T. 2019. Improving the Monetary Regime: The Case for U. S. Digital Cash [J]. CATO Journal, 39 (2): 383 – 405.

[91] BRIAN K. 2017. Bitcoin is not a Fraud, it's a Threat [J]. Modern Trader, (538): 82.

[92] BROADBENT B. 2016. Central Banks and Digital Currencies [EB/OL]. Bank of England. http://www.bankofengland.co.uk/publications/pages/speeches/2016/886.aspx.

[93] BUCHHOLZ M, DELANEY J, WARREN J. 2012. Bits and Bets, Information, Price Volatility, and Demand for Bitcoin [J]. Economics, (7): 312 – 323.

[94] CHAUM D. Untraceable Electronic Mail, Return Addresses, and Digital Pseudonyms [J]. Communications of the ACM, 24 (2): 84 – 88.

[95] CHRISTIANO, L J, MOTTO R, ROSTAGNO M. 2014. Risk Shocks [J]. American Economic Review, 104 (1): 27 – 65.

[96] COELHO C A., DE MELLO J M P, GARCIA M G. P. 2010. Identifying the Bank Lending Channel in Brazil through Data Frequency [J]. Economía, 10 (2): 47 – 79.

[97] DEMERTZIS I, PAPADOPOULOS S, PAPAPETROU O, et al. 2018. Practical Private Range Search in Depth [J]. ACM Transactions on Database Systems, 43 (1): 1 – 52.

[98] ENGERT W, FUNG B S C. 2017. Central Bank Digital Currency: Motivations and Implications [R]. Bank of Canada Staff Discussion Paper, (16).

[99] FAN Huiling. 2022. The Digital Asset Value and Currency Supervision under Deep Learning and Blockchain Technology [J]. Journal of Computational & Applied Mathematics, 407: 203.

[100] FERNANDEZ-VILLAVERDA J, SANCHES D, SCHILLING L, et al. 2021. Central Bank Digital Currency: Central Banking for all? [J]. Review of Economic Dynamics, 41: 225 – 242.

[101] FERNANDEZ-VILLAVERDE J. 2018. Cryptocurrencies: A Crash Course in Digital Monetary Economics [J]. Australian Economic Review, 51 (4): 514 – 526.

[102] GALI J. 2005. Trends in Hours, Balanced Growth, and the Role of Technology in the Business Cycle [J]. Review, 87 (4): 459 – 486.

[103] GRIFFOLI T M. 2017. Banking on Change: New Technologies Promise to Reshape the Financial Services Industry [J]. Finance & Development, 54 (3): 26 – 29.

[104] JIN M. 2018. Measuring Substitution in China's Monetary-Assets Demand System [J]. China Economic Review, (50): 117 – 132.

[105] JUNG H, JEONG D, KIM H. 2021. Blockchain Implementation Method for Interoperability between CBDCs [J]. Future Internet, 13 (5): 133.

[106] KEISTER T, SANCHES D R. 2019. Should Central Banks Issue Digital Currency? [R]. FRB Philadelphia Working Paper, (26): 2004 – 2019.

[107] KONING J P. 2017. Evolution in Cash and Payments: Comparing Old and New Ways of Designing Central Bank Payments Systems, Cross-Border Payments Networks, and Remittances [R/OL]. https://www.r3.com/research/#toggle-id-14.

[108] KUMHOF M, Noone C. 2021. Central Bank Digital Currencies—Design Principles for Financial Stability [J]. Economic Analysis and Policy, 71: 110 – 124.

[109] MAURER B, NELMS T C, SWARTZ L. 2013. "When Perhaps the Real

Problem is Money Itself!": the Practical Materiality of Bitcoin [J]. Social Semiotics, 23 (2): 261 –277.

[110] MCLEAY M, RADIA A, THOMAS R. 2014. Money in the Modern Economy: an Introduction [J]. Bank of England Quarterly Bulletin, 54 (1): 4 –13.

[111] NAKAMOTO D S. 2008. Bitcoin: A Peer-to-Peer Electronic Cash System [Z]. metzdowd. com.

[112] RASKIN M, EPSTEIN R. 2023. A Wall of Separation Between Money and State: Policy and Philosophy for the Era of Cryptocurrency [J]. Brown Journal of World Affairs, 29 (2): 1 –16.

[113] RASKIN M, YERMACK D. 2018. Digital Currencies, Decentralized Ledgers, and the Future of Central Banking [R]. National Bureau of Economic Research.

[114] REBECCA OI. 2022. 35 Asian Nations Are Developing CBDCs—Here's Where They Stand [EB/OL]. (2022 –12 –5) [2022 –12 –5], https://fintechnews. sg/67327/blockchain/cbdc-asia-projects-list/

[115] REID F, HARRIGAN M. 2011. An Analysis of Anonymity in the Bitcoin System [C]. 2011 IEEE Third Int'l Conference on Privacy, Security, Risk and Trust and 2011 IEEE Third Int'l Conference on Social Computing.

[116] ROGOFF K. 2021. The Coming Shift in The Global Monetary Order [J]. International Economy, 35 (2): 32 –33.

[117] SCHMIDT A. 2022. Virtual Assets: Compelling A New Anti-Money Laundering and Counter-Terrorism Financing Regulatory Model [J]. Journal of Internet Law, 25 (8): 1 –19.

[118] SELGIN G. 2013. The Financial Crisis and the Free Market Solution [J]. Independent Review, 18 (2): 293 –296.

[119] SEMEKO G. 2022. Central Bank Digital Currency: New opportunities for cross-border payments [J]. Financial Journal, (4): 108 –121.

［120］SETHAPUT V, INNET S. 2023. Blockchain application for central bank digital currencies（CBDC）［J］. Cluster Computing, 26（4）: 2183 – 2197.

［121］SHAEN C, DOUGLAS C, ZACHARY G, et al. 2024. Understanding the Rapid Development of CBDC in Emerging Economies［J］. Finance Research Letters,（70）: 106 – 126.

［122］STIGLITZ J E. 2017. Macro-economic Management in an Electronic Credit/Financial System［R/OL］. NBER Working Paper, 23032. http: //www. nber. org/papers/w23032. pdf.

［123］TEMPERINI J, D'IPPOLITI C, GOBBI L. 2024. Is the Time Ripe for Helicopter Money? Growth Impact and Financial Stability Risks of Outright Monetary Transfers［J］. Structural Change & Economic Dynamics, 69: 24 – 36.

［124］THEMISTOCLEOUS M, RUPINO D C P, TABAKIS E, et al. 2023. Towards Cross-border CBDC Interoperability: Insights from a Multivocal Literature Review［J］. Journal of Enterprise Information Management, 36（5）: 1296 – 1318.

［125］TSAI W, ZHAO Z, ZHANG C, et al. 2018. A Multi-Chain Model for CBDC［C］//2018 5th International Conference on Dependable Systems and Their Applications（DSA）: 25 – 34.

［126］WILLIAMSON S D. 2022. Central Bank Digital Currency and Flight to Safety［J］. Journal of Economic Dynamics & Control,（142）: 104 – 116.